大好転

あなただけの金メダルを

池田 志柳

東京図書出版

はじめに

前回出版の『人間の使命』を読まれた方々から、医者に見放された難病が完治、不登校が解決、永年希望していた子宝を授かる、就職・結婚の成就《じょうじゅ》等の数多い体験談を頂きました。

今回はそんな中から内容が重複しないものを選びましたが、通常回復が難しいとか長期間の治療が必要とか言われるものが、早期に癒《いや》された事例はあえて掲載致しました。

大好転になるためのヒントは、各章の文中や数多い体験記にもピカッと光るダイヤモンドダストのように散りばめられています。

それらを見つけ出し、今の生活を更に好転させ、あなたの人生を輝きあるものにして下さい。

ご縁あってこの本を読んで下さる方々に心よりお礼申し上げますと共に、皆様の生活万般の大好転を念じて止みません。

二〇二四年一月

著者識

大好転

あなただけの金メダルを

❖

目次

第三章 好転は信念 …… 63

第一章　好転は感謝

今回きりです

店内に入ると「タイム・サービス品」とか「本日のお買得品」とか「お一人様一ケース」等の表示のある商品が置いてあります。

あの欲しかった品が、今なら安価で手に入ると思うと購買欲も出るというものです。人はこんなことといつでも出来ると考えていることに関しては真剣になれないのです。

その心を見透かして、店は時間、日、数を限定し、販売を促進する企画をするのです。

謳い文句に誘われてつい「いつか欲しい」「もう一つあれば便利」「もうすぐ必要になる」と思っていた商品にお客さんがたくさん群がっているのを見たりすると、買うべきか否かをしっかり考え、そのどちらかに決心をします。制限や限定内を守ろうとしたり、真剣になると何らかの答えが出るのです。

私の元に相談に訪れる方はさまざまです。

まず私は、病気、怪我の場合は病院に行って診察・治療を受けて、その結果「回復の見込みがない」と言われた方や、症状が更に悪化、回復の兆しがなかなか認められないといった方々に応対させて頂くことにしています。

応対時間も決めてあります。

その間に、相談者に必要と思われる真理をお伝えしたり、その問題が解決出来るようなアドバイスをしたりします。

会話し始めて暫《しばら》くの頃は、何となく気の入らない態度で聞いているふうに見える方も、「あなたに、お目にかかれるのも、あとホンの僅《わず》かの時間だけです。もう二度とチャンスは無いのです。私はこの機会に出来る限り良くなって帰って頂きたく願っているのです」と、チャンスは今しかない事を強調すると、相談者の雰囲気にも真摯《しんし》さが窺《うかが》えるようになります。

そうなると、心が開かれ、苦痛を伴っていた身体や問題から間もなくして解放されます。

事柄にもよりますが、いつかとか、いつでもとかという安易な生活からは、なかなか良い成果が望めません。

今しかない、今がチャンスとしてしっかり聞き、しっかり考え、良くなれる予測を強く描き、実践に踏み出せば良い結果を得られたり、それに一歩近づいたりすることが出来ます。

今こそが、人生の宝庫の鍵を開けるのに最適な時なのです。同じ状況の風は二度吹きません。

そんな気持ちでこの本をお読み頂ければ、きっと読後、心と身体に大きな良い変化が起こり、良い運勢までもが付随して参ります。

好転に必要な条件を、実践し続ける人が必ず不朽の果報を得るのです。

また、流行《はや》り歌のようにあの世とやらで千の風になれるとしたら、各自が確かな今の命に感謝し、この世で〝**万の風　億の風**〟になって喜働し、住み良い社会、平和な世界を創り共に楽しく生きて行きましょう。

夫からの手紙

『お元気ですか。長い旅行も残すところ一ヵ月となりました。青い海はどこまでも広くてきれいです。

七月十二日スペイン・ラスパルマス港を出発し、地中海とも別れ大西洋を横断、キューバのハバナ港を目指しています。時々トビウオが跳ねているのが見えます。

昨日七月十五日は、タイタニック号が沈没した日で、フォーマルディナーは船の沈没前夜に出された同じメニューで美味しかったですが、複雑な思いもありました。

この旅行は今のところ一度も雨に遭っていません。日焼けしましたから、街で会っても気づいてもらえないくらいです。

悪友もたくさん出来ました。時々応接室で「世間大学」と称していろいろ話をしています。日々楽しく、何不自由なく元気でやっています。帰ったら撮ったものを整理して、写真展をやらせてもらうつもりです。

日本は熱帯夜が続いているそうですが、体には十分気を付けて下さい。

出来ないことは、家族に手伝ってもらって無理をしないように。
今度は一緒に来られると良いね。

君恋し旅路の船の波枕

七月十八日　夜　　おやすみ』

夫は無事に職務を定年退職し、永年の地球一周の夢が叶い、その旅先からの一通です。

夫との結婚は四十年を迎えます。

夫との結婚を決意した動機の一つに、『この人と結婚すれば、自分が役立つかもしれない。喜んで頂けるかもしれない』という思いがあったことだけは確かです。

以前の本に述べた記憶があるのですが、夫は幸せを満喫《まんきつ》して育ってきた人ではなかったけれど、寡黙《かもく》な時も不機嫌さを感じさせない雰囲気のある人でした。自分の生きている価値

をこの人との生活にならば感じられるかもしれないと思えたのです。

結婚するといよいよその思いは強くなりました。言葉に出して言うことはありませんでしたが、この人にどれくらい幸せになってもらえるか、出来れば、地域一、日本一、世界一の幸せな人になって欲しいと思っていました。

物質的に豊かになるという意味でなく、世界一心地良い生き方が出来るように蔭ながら応援したいと思いました。

夫は少しおしゃれな洋服を用意してあっても、家に居る時は、すぐに庭木の手入れや洗車等が出来る衣類、運転は安全第一の靴という具合で、派手な、カッコ良い物はあまり興味がないようでした。必要で、よく使用する物は、値段より品質で選び高価な品を入手することもありますが、そんな時は、大切にして非常に長く使い切ります。

給料も「稼ぐに追いつく貧乏なし」という諺《ことわざ》があるように、無駄や浪費をせず、たくさん働けば収入も増えます。初めから楽をしたい、幸せになりたいと思うより相手に幸せになってもらいたい、今より幸せにしてあげたいという建設的な気持ちは、意気込み良く働くことが出来、人生後半、物心両面の豊かさを味わえると思います。

若い時は、親との関わり、仕事、地域の世話役、子育て等、毎日毎日心身の休まる時がないくらい多忙でした。三人の子供が、それぞれ働きながら大学を卒業してくれ、家計を助けてくれたのは、本当に有難いことでした。

三人の子供達が自立し、税金が納められるまでに成長したのを見届けた後の、夫の夢だった地球一周の旅は、心から喜んで見送りました。長期の旅を楽しめる夫の健康に感謝しました。

◥「体験記」里帰りも辛く◣

池田先生、以前、先生のお力をお借りして遠い故郷まで夫の車で帰ることが出来、大変喜んでいましたが、去年帰った時は、体の状態は元のパニック症が出てとても辛かったです。この病気は親や主人に言ってもなかなか解ってもらえず、本当にしんどいです。

こんな自分が情けないです。こんな暗いトンネルから、もう飛び出したいです。

先生が大変お忙しいことは重々承知しております。何日でも待ちます。私の為に時間をさいて頂けないでしょうか。

平成十六年九月五日

渡部　弓子

というお便りを頂いた時、私は「やはり、この人にこの時が来た」と良い予感ではないが自分の思いが確かで、当たったことがむしろ残念でした。そこで私は、この人が今後体調が良くなり、自ずと幸運に恵まれる為に必要な接し方をすることにしました。

私のカルチャースクールの規約を人を介して彼女に届けてもらいました。

そのあらましの主旨第一項には、

「本会は真理を知り、喜んで努力、継続し、本人・家庭・地域・社会を良くする集いを目指します」が掲げてあります。

また相談を持ちかける前には、時間内でそれを解決する為の真理をお伝えするのには限度がありますので、必ず『人間の使命』（前回の著書）の本を読破するか、『基礎真話』のテープ五巻を聞き終わってからにして下さい。真理を知ると相談前に問題や病気が消える事例がたくさんありますとも表示してあります。

昔から神様は目に見えないけれど衣冠束帯《いかんそくたい》をした神々《こうごう》しいお方だとか、光り輝くヴェールに身を包まれ如意自在《にょいじざい》の宝の玉を持たれたお方だとかいろいろに表現されてきています。私がもし「神様とは如何なるお方か」と尋ねられたら、「実際見たことはないから、形で説明することは出来ません」とおことわりした上で、「自分とは如何なるものか」と質問を受けた宇宙版だと答えます。

自分とは、行動出来る身体を形造っています。髪のフサフサした頭、顔、首、双肩等、自分の一部分です。

立派な体躯を持っていても死んでしまった時、動きたくない時、それは行動しません。身体の他に生命と心・霊・魂という目に見えないけれど、これが一番重要な自分です。生命も心も持たない身体はこの世には存在しないのです。見えないけれど第一の自分は生命と心です。

宇宙を形成しているものは、膨大な物資や物体です。その中心が最も偉大な、目に見えない真摯な宇宙の理念です。

自分の生命と心は、太陽から光線が放射されているように、宇宙の中心者（神）の理念と同じであるから、それを形とするべく表現が出来るのです。

ところがこの真理を知らないまま、行動したり、体力を惜しむ事なく働いても、家族や周囲に迷惑をかけたり負債を残したりの残念な結果になりかねません。

また反対に、出来るだけ動かず、楽をして自分の思いを叶えようとする人も、やはり結果として、自分自身の体調を崩すという最悪の結果を残し、自分も辛く、それを支えなければならない方々にもずいぶん負担をかけることになります。

彼女は正に後者の方だと思いましたし、規約通りメンバー以外での相談を一度受けていましたから、今回は個人的な対応を避けました。

会の規約を受け取った彼女から間もなくして次のようなお手紙が届きました。

「すぐ規約を届けてもらい、読ませて頂きました。実は先生に先のお手紙を出したことを、とても後悔しております。

というのは、自分は無知で世間知らずだったからです。

待っていて誰かがお膳立てしてくれるものでなく、自分からどうにかして、初めて得られるものだと気付きました。

先生に、何とかして頂こうなんて、十年早かったです。すみませんでした。

規約の中に書いてあるように『人間の使命』の本を読みました。

自分のことばかり考えるのではないこと、困った時の神頼みではダメなこと、自分で進んで勉強し、努力するものであること……。

近頃の私は、その全く反対の方向へ歩いていました。

いつも愚痴を言い、人を非難し、両親さえも尊敬できず、自分を悲劇のヒロインのように考えていました。こんな自分に嫌気がさしていたところです。

先生から直接、連絡頂けなかった意味が少し分かったように思います。

本に書かれていたように、今朝はいつもより一時間程ですが早い五時に起きました。

気持ち良く夫や子供達を送ってやれました。こんな私ですが、頑張って勉強したいと思います。メンバーにならせて頂けないでしょうか。どうぞよろしくお願いします。

平成十六年九月十七日

渡部　弓子」

この文面から察することが出来るように、自分は出来るだけ楽をして動かず、待っていて、誰かにお膳立てをしてもらってから生活する。周囲を批判し、両親を尊敬するどころか感謝することもせず、私は思うように動けない病弱な同情されるのに相応《ふさわ》しい女性ですという気持ちで生きて来た結果が今だということが『人間の使命』を読んで気付いたのです。

これより以前の九月五日の彼女の手紙を読んだ直後、「やはり、この人にこの時が来た」と自分の予感が当たってしまったことの裏には、彼女が長年パニック症で外出や乗り物に順応出来ないでいたところ、私に会い体調が良くなったのです。

「この夏休み、本当に久し振りに遠い山陰まで車で帰ってみる気になったのですが、大丈夫でしょうか」

「御無事に往復出来るように、パワーを受けて帰って下さい」

こう言って私は、彼女にパワーを送りました。予め《あらかじ》帰省日を聞き、無事に自宅に帰還される日まで、私なりに気にかけておりました。そのうち夏休みも過ぎ秋に入り再び彼女と会う機会がありました。

「お里帰りは無事に済みましたか」

「はい、元気に帰って来ました」

「そうですか、それは良かったですね」

と対応しながら、私は自分だったらどうしただろうかと考えてみました。

病気の為、帰りたくても帰れなかった里帰りを、

「無事に帰れるように応援します」

と言って応援してもらいそれが無事に達成出来たとしたら、うれしくて有難くて自分の方から報告し、それどころか、往路が済んだ時点で『無事に着けました。有難うございます。帰りも気を付けて帰ります。よろしくお願いします』と、半分が叶ったところで、お礼感謝を表現し、全部終了したところで自ら感謝を伝えるだろうと思いました。

真理を学ぶと、自分は生かされていることを知り、自分の行動はさせて頂いているということが判り、謙虚さと感謝が身に付くのです。この手紙を載せることは躊躇《ちゅうちょ》しましたが、私も真理を学ぶ以前でしたら、たぶん同じレベルの心境だったかもしれない、昔と違い物の豊かな今の時代は、思うように行って当たり前と思う心でいるのが普通なのかもしれない。だとすれば、たくさんの人が本当の幸せになれないと思い、あえてありのままを文面にすることに致しました。

渡部さんだけでなく、今時の方々に今後、健康と幸運に恵まれた人生にする為に真理の中で、本当に大切な真理を重ねてお伝えします。〝感謝は全てを癒す〟という言葉があります。人間社会の中でも、相手に感謝すると「こんなことで喜んで頂けるのなら、また今

度もお役に立たせて頂こう」と思われます。また自分自身を感謝の心で満たしていると頭脳を始め内臓器官が順調に機能しますから間違いなく健康でいられます。

周囲からも喜んで支援され、本人も健康ならば、良い人生になれるのは疑いようがありません。

感謝という学習をせず、専門の病院の薬や手段を使って病気を治せたとしても、その時だけの回復です。心を変え生活を変えないと、再発ないし、種類の異なる苦痛苦難が身体・身辺に現れることになります。

感謝の重要性を充分知っていてもなかなか感謝の心を持ち続けるのは難しいことです。

大急ぎで頼みに来る人は多いけれど
大急ぎでお礼に来る人は少ない

こんな言葉がありますが、まさにしかりです。この真理は簡単そうですが真に実践するのは感謝を忘れると出来ない行動です。

私もこれらの真理を知っていますから、直感的に、渡部さんの病気再発を予測したのです。

感謝することを教えてさしあげても、頭だけで理解し、実践せねばその場だけで終わってしまいます。

渡部さんのように、自分を見つめ直し、心から反省し、求める以前に、既に与えられているものがこんなにたくさんあったのだと気付くと、本当の感謝の念が湧き継続できるのです。

そして、更に本物の感謝というのは、「自分の思いが叶って、良かった、うれしかった、有難かった」という自己満足的な感謝でなく、感謝の大切さを伝えられる人、感謝される人に成長して、報恩が一つでも多く出来るように努力する人が真の感謝の厚い人と言えましょう。

再発の渡部さんにすぐに、優しく手を差し伸べられないのは私も辛いことでした。

その時々によって、その人を援助する方法は異なりますが、時には厳しさも必要です。

この世の中、親はいつまでも生存出来る訳ではありません。人を頼らないで自力で生活出来るよう我が子を教育するように、自分で、道を開いて行く真理の学習に努めたいと思っています。

「おはようございます。

昨日は娘のことで、大変、お世話になりました。

頭痛と吐き気で、あれだけしんどそうにしていたのに、二度目のお電話の時には、顔色も戻り、水分も欲しがり、おしゃべりも始めました。ご神水も飲むことが出来ました。そして八時頃には、おかゆをおかわりして食べました。すりおろしたリンゴも食べられました。

今朝も食欲旺盛です。本当に有難うございました。簡単ですが、娘の様子をご報告させて頂きます。

娘と共に『完全健康真実相(注1)、完全健康神様色(注2)、完全健康希望成就(注3)……』と念じさせていただいた時の、娘のとても穏やかでうれしそうな顔が印象的でした。(注1：元来の健康を表す為の言葉、注2：悪に染まれば悪になるが神様色に染まれば光となり闇《やみ》や病《やみ》は消える言葉、注3：大自然の力で必ず望みが実現できる言葉)

有難うございました。

渡部　弓子」

病院では治らなかった症状が、私方に電話連絡してパワーを受け、直後に改善された喜びを、感謝してすぐに親子で報告して下さったのです。〝自分が変わり自分が努力しなければ〟の自覚が芽生えると、それに伴い行動も変化して参ります。次も彼女からです。

「今日はうれしいことがあったので、先生にご報告したくFAXさせて頂きました。最近、美花が近所の同学年の子達二人と仲がうまく行かず、本人も悩み、私も心配をしていました。以前はとても仲が良く、毎日のように遊んでいたのに、よくある女の子三人の〝のけもの〟のような形になっていました。

美花には『気にせず、他の友達と遊んだらいいよ』と言いつつ、内心、私の方も穏やかな気持ちになれず、動揺していました。

ところが、この一週間程前から、お祈りをさせて頂く時に『美花がどうか、友達と仲良くできますように』とお願いしつつ《その友達も本当にいい子達》と思いながら祈っていました。すると先週の金曜日に帰って来た美花が『今日、Cちゃんから手紙をもらって《ごめんな》て書いてあった』と教えてくれました。祈ったことが実現し、良い方に物事が動くことを実感出来ました。

びっくりするやらうれしいやらです。

もう一つ、今朝、父母の両方と電話で話をしていましたが、今までと違って、自分でも驚く程、素直な気持ちで話し、父母が愛しく思え、無意識に『また、出ておいでよ』と言っていました。これからも、出来るだけたくさん電話をかけてあげたいと思います。

こんな気持ちになれたこと、神様にも、先生にも感謝します。

有難うございました。

平成十七年十一月二十八日(日)」


彼女がメンバーになりたくてもなれなかった頃の手紙と比較すると、いかに心が良い方に変化したかを知ることができます。

手紙文や以後の文章の中に神という言葉が出ていますが、それは「大自然の神秘な力」「宇宙の無限力」と書くべきところ、長過ぎるので宗教ではないですがこの表現になっています。

まず初めは身の丈に合わせて

他の迷惑を顧みず出来るだけ楽をしてお金を稼ぎたいと思うことは身を滅ぼします。世界一のお金持ちを目指した企業の悪行が暴かれトップが逮捕されました。あれよあれよという間に崩壊していく様子を皆様もご覧になられ、お金で人の心も買えると豪語《ごうご》していたはずなのに、周囲の身内同然の人もトップの逮捕に無関係を装いました。失った信頼を取り戻すのは実に至難です。帰って来ない場合も多くあります。

この社会は一人では生きていけません。信頼こそが、目に見えない荷物にならない、どこに行くのでも自分の身に付けておける財産です。

信頼されていたら百人の友人達に少しずつ拝借しても、すぐに大金を確保出来ます。悪徳金融業者から僅かの融資を受け、膨大な利子を付けての情け容赦のない取り立てに、自ら命を絶つ人達もある報道に、頼る友人はいなかったのだろうか、借金の必要のない身の丈に合った生活は出来なかったのかしらと思えます。

身長が低いのに高所の物を取ろうとして思い切り背伸びをすると、足に線が入ったり、ようやく手の届いた物を途中で落としたりして事故になる事もあります。

一リットルのボトルには欲張ってもそれ以上の飲み物は入りません。

しかし、身の丈も人間の器の大きさも変化させることは出来ます。

少しずつ努力前進することで無理なく信頼を得ながら、だんだん良い身の丈の生活に成長して行けるのです。

他人に迷惑をかけるのは良くないことですが、物言えぬ動物を、私欲の為に虐待するなどはもっての外です。何年か前の出来事です。ある風貌の冴えない男性が、怪我をした犬を連れて歩いていました。

この様子を初めて見た人が、

「犬の治療費の足しにして」と言って、二万円とかのお金をポンと差し出しました。

その人の目にはたぶんこの飼い主は、怪我を治してやれる甲斐性がないと映ったのです。

お金を渡された男性は、予期せぬことに驚きました。

怪我をした犬を連れて歩くだけで、こんな場面に出食わし面食らいました。最初に戸惑いはあったものの、この美味しさに味をしめたのです。働かないでも楽に金が入る手段と手で膝を打ちました。

その後の彼は、お金を得る為に健常な犬の脚を惨くも切断してしまいます。

そして今度は「犬の治療に協力して下さい」とカードに大きく書いて募金を呼びかけました。連れている犬の種類が呼びかけ毎に違うことに気づいた周囲の人から告発されるのにはあまり日時を要しませんでした。助けてあげたいと思い大切なお金を施しながら、人の心を悪に導く結果になってしまったのです。

真の救いは、間違いのない、皆が共に良くなれる道、真理をお伝えすることです。

◥「体験記」今度はこの道を◣

桜の花も終わり、早や紫陽花がたくさんつぼみをつけ始めました。

こんな良い季節に『人間の使命』という本にめぐり合わせて頂きました。東京の浜田莉紗子様から本を頂きました。こんなにすてきな本を書かれた池田志柳様を教えて下さった浜田様に感謝の思いで一杯です。

本を読ませて頂いて、何度も涙が溢れて止まりませんでした。

「母の思い出」の所と「与え過ぎに御用心」という所は特に何度読んでも涙が溢れて

きました。

私が一生懸命というより必死になってやってきたことは、宇宙の法則から大きくはずれていたこと、過保護、過干渉で今までやってきたことは、こういう種を私が時いてきたこと、また感謝の思いは全く足りていませんでした。

長男は今、三十一歳。中学二年生から引きこもり、長女は二十九歳。小学二年生から不登校、不安神経症で苦しんでいます。いつか娘に言われました。

「お母さんが、愛情だと思っていたものは、世間体を良くしたいことへの心配と、命令だった。やさしくいう言葉の中にも絶対的な命令だった。お母さんの気づきがないとまた形を変えて苦しいことが襲って来る。お母さんに気づいてもらいたいそのために私は生まれて来た」と。

私は何に気づけば良いのか。こんなに生きづらいというのはどうしたら良いのかと毎朝太陽に向かって〝神様教えて下さい。一体何に気づけば良いのか〟と毎日、毎日祈りました。

その時に出会えました本が、『人間の使命』です。この本からは、凛《りん》とした中に優しさと温かいものを感じました。

幸福への道しるべ二十四箇条をすぐに実行しようと思いました。

そして厚かましくも、手紙を書かせて頂きました。

本の中の言葉に、ゼロからのスタートは潔いものです。感謝しても表現しなければ、相手に通じません。私はゼロと言うよりマイナスからの出直しですが、本当の感謝報恩は受けた事物に感謝の気持ちの分をプラスして世の中にお返しする行動のことですとありました。今、私に出来る事をさせて頂きます。

わずかの注文で申し訳ありませんが、この『人間の使命』十冊送って頂けますでしょうか。浜田莉紗子さんが、私にして下さったことを私も周りの方に送らせて頂けたら幸せと思い、御迷惑をおかけ致しますがよろしくお願い致します。

小西　泉

良かれと思って必死でやって来た結果が、全く逆だったら相当落ち込んでしまいます。目的を達成させる方法、順序を把握出来ていないまま、見切り発車し、この方法で良いのだ、この道で間違いないという根拠のない信念、誤った一人よがりを押し通してしまったとの答え、到着したところが悲惨であったという内容のお手紙です。

無知ゆえの不幸です。この先がどうなっているかを知っている人とか、日頃真理に沿って生活している人は周囲の雰囲気でその先を予知出来ますので危ない箇所は気を付けて、そっと静かに、安全と見るやスピードを上げて力強く能率良く進み、良い結果を出すことが出来ます。

無知は加減や様子を見ませんから、危険な箇所も盲進し続け、落ちたり突き当たったりして、こんな所に水たまり、断崖、落とし穴があり、もう起き上がれない、這い上がれないまで行って、今までのがんばりは何だったのかと参ってしまうのです。

「盲、蛇に怖じず」です。思い出して下さい。知らずに犯す罪がいかに危険で大きいかということを――。

◤「体験記」訳なくむずかる子はいない◢

子供に湿疹が出来、夜泣きが続き、ミルクの飲み方も悪くと、心配で仕方ありませんでした。そんな時知子さんにお逢いして先生とお話しさせて頂くチャンスをもらい本当に感謝しております。

主人に協力してほしいと不満のかたまりでした。子供の顔に出た湿疹は、きっと夫婦の不調和の現れなんですね。

あれから先生のご本をもう一度読み返し、幸福への道しるべの、

一、朝は夜明けとともに起床――

次の日から早く起きるようにしました。するとこの早朝の時間になすべき家事が出来新聞を読む余裕も出来ました。

今までやりたくないのに、させられていると思っていた家事も、させて頂こうという気持ちになれ、今まで泣いて私を手こずらせていた子供も、その時は不思議とおとなしく、一人で遊んでくれたり、寝ていてくれたりとスムーズに家事を進めることが出来るようになりました。有難うございました。

深沢　淑子

このお手紙の他に育児中の若いお母さんから頂いたお手紙を併せて紹介致します。

―　体調を崩し病院へ行くと、

「あなたの病気は家族に理解を求め協力をしてもらいながら、少しずつ快方に向かえるようにして下さい」

と言われ、自分をかばい人に頼る生活をしてきました。先生にご指導を頂いてから、私は自分に甘え、何でも人のせいにして来たことに気づきました。

ちょっとしんどい時は、すぐ近くの母に子供を預け、楽をしてきましたがもう預けるのはやめました。御飯もお惣菜を買うのをやめて、手のこんだものは出来ないけれど、作るようにしました。するとなぜかその達成感で「やった。出来た」と思えるし、肩も前のような重い痛みもなくなりました。今、思うと楽をすればする程、私の体はダメになっていったように思います。子供がぐずるから何もできないんじゃなく、私が楽をしようとするから子供がぐずるのだと思いました。

思い切って病院の薬も捨てました。

幸福への道しるべが守れるように頑張っています。まだ忘れることが多いので、玄関で必要なこと、台所で大切なこと、寝る前に大事なこと等その場所に書いて貼ったら、たくさん実行出来るようになりました。

今度元気になった私を見て下さい。

神照　愛子

真理は時として、その人にとっては厳しく辛いものかもしれません。この文を読んでひょっとして私も同じと思っておられる若いお母さんがおられたとしたら、生活を変えてみて下さい。今、お母さん部門に入学したばかりですから、下手でも良いのです。面倒がらずにお母さんの腕を上げていって下さい。

甘えが問題を広げていきます。

◤「体験記」ひきつけ・目まいサヨウナラ◢

池田先生お誕生日おめでとうございます。昨年の十一月にはじめて、先生に守山でお出会いさせて頂いてから、ひんぱんに起こっていた子供の発作がピタッと治まりました。

それまでは、毎晩、時には昼間も発作を起こしいつもビクビクしておりましたのに、一年間何事もなく本当にうれしいです。

気がつくと、以前より家の中の雰囲気が温かく感じられるのです。先生とお会いしてからいろいろ願いが叶っていくことに真理の確かさを感じております。

先生、御心配をおかけしました。

四月八日の次男の入学式に行く事が出来ました。本当に有難うございました。後で考えたら、本当にあれ（入学式に行けたこと）は奇蹟に近いことでした。前の夜からまた目まいがして、ムカつきもひどく、大事な時にどうしてと思いながらも自分の体なのに、思うように動けませんでした。先生にお願いをしてパワーを送って頂いてからすぐに元気になれました。

先生とのお出会いがあったればこそと、感謝しております。

あつかましいことばかり言いますが、主人の両親、私の母と兄、是非メンバーに入れて頂きたいと、願っております。

小川　敦子

この方からは、たくさんの体験文をお寄せ頂いておりますが、今回はその中から短文二つを選ばせて頂きました。

◥「体験記」親も子も爽快◣

五歳になった子供のトイレの件、先生にご相談させて頂いた直後、今までが信じられない程、小も大も順調にできるようになり、ずっとパンツで過ごせるようになりました。

子供も、自信が出てきたようで毎日はりきってトイレに行っています。有難うございました。

秋山　敏子

明美は先生に御相談させて頂いたあの日から、一度もパンツをぬらさず帰ってくるようになりました。昨日も五キロを歩いての遠足に行きましたが大丈夫でした。毎日楽しそうにしています。留守電に入りきらなかったことをＦＡＸさせて頂きました。有難うございました。

―

子供さんのおむつを外すのが最近非常に遅いと思われる子育てを見ます。紙おむつ、紙パンツで着脱の簡単さが、早期にしっかり対処しなければという気を萎えさせているのも一因です。

資源に感謝し、節約する努力も大切です。この種の相談は、通常即決します。

橋本　涼

第二章　好転は目標

りほちゃんの勢い

当市の西側は琵琶湖に接しています。一九九八年には、そこに可愛い犬、珍しい犬、小さな犬から大きな犬まで集められた「わんわん王国」という犬の好きな人にはたまらない施設が出来ました。宣伝も大々的でした。開設されて暫くたったお正月、孫達も揃い皆でそこに出かけました。流石《さすが》、冬のことでもあり琵琶湖を渡って来る風はとても寒く身の縮む思いでした。そんなところでも小型犬を散歩させたり、写真を撮ったり子供達は元気です。サーカスも観ました。訓練をするとこんな動物がこれほどまでの事が出来るのかと驚かされました。

冬は暖かいコタツに入って幸せであるはずの家族が、病気だったり、憎み合ったりしている家庭もあります。

こうやって雪のチラつく吹きさらしの郊外にいて元気にキャッキャッと走り回っている幸せな家族を見ると、どんな環境の中でも、元気で仲の良い家族が一番だと思えます。

主人の親も幸せな人生を終え、私の親も天命を全うし、娘達の嫁ぎ先の親達も健康、私達夫婦、娘達夫婦、息子、孫達皆元気で今のところ総勢十余名が仲良く集まり語らえる楽しさも真の幸せと言えましょう。

祖父母、父母、子、孫、自分がどの世代に位置しようとも年上も年下も皆元気でそれぞれの使命を果たしている光景はまさに「絶景かな」であります。また私達家族は、年に一度その大家族で賑《にぎや》かに一泊旅行を楽しんでいます。

真理、大自然の理《ことわり》に適《かな》った生き方を子孫に伝えていけば、必ずこの幸せは続いていくものと信じます。

わんわん王国で、お楽しみ袋を一つ買いました。

家に帰って開けてみると、びっくりする程たくさんのグッズが入っていました。マグカップ、ヘアーアクセサリー、腕時計、ハンカチ、ブレスレット、バッグ等場所がら犬のイラスト付きで子供達の好きそうなものばかりです。

そこで、お正月のことでもあり、百人一首の絵札で坊さんめくりをして勝った者から、賞品として好きな品をもらって良いことになりました。

そのゲームに加わったのは、私を含めて九名でした。孫の中で幼稚園に行っているりほちゃんという女の子は静かなゆったりした性格です。その子が「私、あのキラキラしたブローチが良いわ！」と品定めしました。

「一番になった人から選べるから、勝てば……」と、その子のお母さんが言いました。皆でじゃんけんをして順番が決まり、いよいよゲームが始まりました。

りほちゃんは、いつものりほちゃんではありません。

今自分がカードを取ったのに、他の八名がカードを取るのが待ち切れなくて、順番が来ないのにカードを取ろうとして、ついつい何度も何度も手を出してしまうのです。あまりに可笑しいので皆が笑いながら「りほちゃんはまだだよ」と言ってたしなめます。この仕草を見て私は思いました。

控え目な性格、今、何をやれば良いのか判らない人でも、夢や目的を持てば、こんなに意気込んで行動出来るようになれるのだと。

せっかく生まれて来たのに、自分の人生をどのように生きて行けば良いのかもわからず、大事な命を、自ら絶ったり、簡単に人の命まで奪ってしまう人があるのは残念です。知らない事は不幸です。人間の使命、その時々の目的を知れば、

「ああ、私はこの為にこの世に生まれて来たのか、時間を大切に、一生を懸命に生きるのは疲れるかもしれないが、一日一日を明るく大切に生きてみよう」と思い、楽しく良い人生に変わって行くものと信じています。

その後、新聞に次のような記事がありました。


犬との触れ合いが楽しめることを売り物に市の郊外びわ湖東岸に、一九九八年十月「わんわん王国」がオープン、八十種、三百匹以上の犬を一堂に集め、人気のスポットになりました。

景気も良く珍しくもあったので初年度は約八十万人の入場者数を記録するほど反響が大きかったのです。その後、各地に類似施設が次々と開業され、入場者の減少に歯止めをかけることが出来ず、二〇〇四年になると来場者数はピーク時の三分の一まで落ち込み、閉

園に追いやられたといいます。

二〇〇五年一月三十一日をもって六年三ヵ月間の幕を閉じました――と。

最終日には、惜しむかのように前年同月の一・三倍のファンが訪れたそうです。

犬達は茨城県の「つくばわんわんランド」に引き取られると聞き、少しはホッとしましたが、どこか寂しくもありました。諸事情が有るとは言え、今の時代は開閉・栄枯盛衰のリズムが目まぐるしく感じます。

運は勢いをつけて来る

多くの方は、今までに出遭った災い、不愉快、憎しみ、妬み、後悔等をしっかり記憶し、折ある毎に思い出し、言葉に出すことをよく耳にします。語るものは形になって現れるのです。「立候補したい人」との問いかけに、その意志があれば、その人は「はい」と言葉にすれば候補者に即刻なれることを見ても、言葉の持つ実現力を計り知ることが出来ます。

嫌なこと、暗いことは良い形で忘却し、自分の良い体験としての記憶にしておき、人生の肥料にしてのみ思い出せるのが良いです。

それには、ある程度自認できるような、意義ある生活水準になれるまで努力する必要があります。

その時こそ「あの時に、比較すると」とか「あの苦い経験のお蔭で」とか、過去が勲章として明るく思い出せます。

それまでは、思い出すと落ち込むようなことを、思い出さないで楽しいことを考えましょう。

一度の失敗が思い出したり、言葉に発することにより、自分の心の中には、幾度も失敗した記憶になって、自分はダメな人間、人生は、思うようにいかないと潜在意識に、更に深く刻まれ、思う事は実現化するという法則通り、いよいよ運の悪い人生になってしまいます。

これは、自分本人のみならず、その人が確固たる意志の持てる人格に成長するまでは、親兄弟、まして他人が、いかにその人の情報を把握しているにしても、良くないことは口にすべきではありません。

他人がその人の運命を悪くする権利等を持ってはいけないのです。

運命は勢いをつけることによって、良い運勢となって訪れます。

勢いをつけるのは、明るく、信じ、継続して、未来を受け入れる準備をし続けることです。

人々は、「未来に向かって進みましょう」というふうなことをよく言います。が、こちらから未来へつき進んで行けるのではありません。

未来は向こうから自然にやって来るものなのです。

それも全ての人に平等にやって来るものではないのです。

まず、生命ある者にだけやって来ます。どんな形でやって来るかと申しますと、一分は六十秒、一時間は六十分、一日は二十四時間というふうに向かって来ます。

その短い時間に生命果てる人は、次の大きくなる単位の未来は迎えられません。

一週間、一ヵ月、一年と、未来はキチンとした形で向かって来ます。同じ日は一日たりともありません。

未来が良い形になることを人々は、夢が叶ったとか成功したとかで表現するのです。

次々来る未来が良い形になるのは、生命ある全ての人々に平等に与えられた一日、一日をどのように使うか、一日という未来をいかに対処、対応するかで決まります。

明日や明後日の未来が必ず与えられているという保証もない中で、今日一日を自分に与えられた使命を精一杯果たしていける人に、大自然（神）の心に適った部分が、その人の希望の形、あるいはその一部が実現化して来るようになっているのです。

良い未来は風水、占い、宗教でなく、生命に感謝し、大切にしながら、与えられた使命を果たそうと努力する人に感応して来るのです。

年賀状に混じって来た手紙

二〇〇一年の正月年賀状に混じって、こんな感じの郵便物は今まで受け取ったことがないと思えるようなものが配達されました。

カラフルな星のいっぱい鏤《ちりば》められたビニール製の通常より少し大きい封筒には、「二十世紀の私から二十一世紀のあなたへ」と印刷があり、更に「この科学万博ポストカプセル二〇〇一は昭和六十年に開催された国際科学技術博覧会を記念して差し出されたものです」と書かれた説明書を読み半透明の袋から読みとれる書体は見覚えのある文字です。

更に『二十世紀の私から二十一世紀のあなたへ、ポストカプセル郵便』の表示にようやく『ああ、あの時、先輩が一緒に十五年後の自分に手紙を書いてタイムカプセルに入れてみよう』と勧めてくれた時に書いた手紙であるのを思い出しました。

その内容は次の通りです。


「発信以来十六年後に、この手紙を開いて健康な主人と共に読めることを感謝します。

日本が、世界が物・心・双方豊かで平和であり続けているよう願っています。

主人は職場で重要なポストに就かせて頂き無事に第一線で働かせて頂いております。

愛娘達は二人共それぞれ家庭を持ち子宝に恵まれ、幸せを育んでおります。

長男も大学生活最終の年になり、どこかホッとしたお正月を迎えている私であります。

メンバーの為の集会場も便利な場所に設けられ、皆に喜ばれ、リーダーとしての仕事はますます本格的になり多忙とは言え、心は豊かです。

人々を愛し親しまれ、楽しい日々を過ごさせて頂いております。

出版方面も、真理を普及させんが為に努力し、執筆を継続しています。

見聞を広めたり、仕事の一端としての海外旅行も多くそれも楽しんでいます。

充実した毎日に感謝で、この幸せを大勢の人々に分かち与えさせて頂けますよう、私を更にお役立て頂けることを切望しています。

この便り、平尾様のお世話で書かせて頂きました。

昭和六十年九月十二日夕

合掌　志柳」

この手紙を読み終えて、十五年前に考えていたことは、将来こうなりたいと心に描いていたことなのだと思いました。

当時十八歳と十五歳だった長女、次女はご縁に恵まれ結婚し、共に二人ずつの子宝に恵まれています。

私はと言えば、タイムカプセルに入れる手紙を書いた一年半後、その職場を姑看病の為に退職しました。が、その年の秋、姑は帰らぬ人となりました。皆様のお蔭様で書道教室だけは、何とか続けられることが出来ました。

そして、今まで少しずつ蒔かせて頂いた真理の種が芽吹いて来て勢いを増してきました。

昭和六十三年には、大きくはありませんがメンバーが気易く出入り出来、真理をより深

講演会のワンシーン

く学べる為の本を置ける事務所を設けました。

会則、会歌等も作り、私なりの精一杯のカリキュラムでカルチャースクールを軌道に乗せることが出来ました。

前回の著書にも、私の夢を書かせて頂きましたが、それらの一つ一つがこの手紙の中に書いてあるのと同一と思えるのです。

人は自分の希望を知っていて、それが叶うように自然に努力し生活していくものだと確信しました。

「こんなことが出来たら良いのになあ、きっと楽しいだろうなあ、そして家族も周囲の人にも喜んでもらえるだろうなあ」

と自分がふと頭に浮かんだアイディアは、

実は自分がこの世に実現出来るものなのです。そしてそれはその人の個性的使命です。

泳ぎの苦手な人は水泳選手にはなりません。爬虫類の嫌いな者がニシキヘビの飼育は出来ません。

好きなことだったり、努力すれば出来る可能性があることを本人は本能的に知っているのです。

ただ意味もなく漠然と思いついたように考えがちですが、憧れや羨望《せんぼう》、希望の中に、また嫉妬の中にさえも、努力邁進《まいしん》すれば、夢や憧れに辿《たど》り着く可能性は十二分にあるのです。

雲の上の人ならともかく同じ空気を吸って地球上に生活している人に対して、歯の立たない程素晴らしい人なら、一目を置いてしまうか、諦《あきら》めてしまってジェラシーを感じるなど身近な感情は湧きません。負けたくない思いには、勝ち越せる思いが潜んでいるのです。

ふと描く前向きな思いは、全て成功可能なことばかりです。

このこともあのことも努力継続すれば良い結果が用意されているのです。

ひょっとして大変な努力が必要と覚悟していたことでさえ、途中から強力な助っ人が現れて、簡単に希望したものを手に収められたケースもあります。

まだまだ長期の忍耐が強いられると心細く思っていた時、情勢が変化、転換し、いとも易く大願《たいがん》成就の例もあります。

小さな夢から大きな願いまで心に浮かんだことは、実現可能なことばかりだったのです。

一つ一つ書き出して保管してみて下さい。

何年か経過して、それを見た時、いつの間にかそれらが全部実現していたことを知るでしょう。

◥「体験記」講演会の後で◣

痛みに耐えかねて、お忙しい先生にお電話でアドバイスを受け、一瞬にして治して頂き有難うございます。

娘の出産、法事の用意等沢山の仕事を抱えてどうしようかと思っていました。

「右に寝て、左へ移り、天井に向く」の指示を二回繰り返したらもう痛くないのです。うれしい限りです。

前回の御講演の中で、先生のタイムカプセルの文章を聞かせて頂き、思念することの大切さをより一層深く知りました。

実は、私も主人へ宛てて出しており、また当時中学二年生だった娘も私達両親へ宛てて出してくれていました。

簡単な文章でしたが、今、現在、そのようになって生活させてもらえていますこと、有難く感謝しております。

寒の戻りにも、なつかしい冬との別れがあります。過ぎ去るものも、新しく来る出逢いも、みんな大切に生きたいと願っております。

田上　由起

何からでも癒される

平成十七年十二月三十一日は清掃奉仕作業中に御縁のあった竹村美津子さんがその年最後の相談者でした。

以前に身体の一部に湿疹が出来て痒くてたまらないので皮膚科に行って薬をもらい内服

薬はきちんと飲み、塗り薬はしっかり塗って様子を見たところ、頭の中から足の先まで、身体の恥ずかしい部分にまで拡がって、どうにもこうにもならなくなり、病院の先生から、「冬に多い病気です。掻かないように」と言われても、我慢の仕様がなく、きりきり舞いしながら辛抱していた毎日だったと報告を受けました。そして袖をまくり上げて腕を見せられましたが、全体が赤く確かに重症に見えました。

「他は見せて頂かなくて結構です」と笑いながら二人大きなテーブルを挟んで向き合って座りました。

半時間もお話をしたでしょうか、私が、

「痒みはどうですか？」

とお尋ねすると、彼女の湿疹は消えていたのです。その時の体験をこのように表現しておられます。

待ちに待った日。

先生よりパワーを頂く日が来ました。

先生のお話が心に入り込みました。楽しいお話を聞いている内、先生が「腕の痒みは、

どうですか？」と聞いて下さった時、
「アレー」「エーッ」どうなったの、ついこの場に座るまで、腕も体も「カッカ」「カッカ」して熱くて、モヤモヤ痒かった皮膚はパワーもまだ受けていないのに、平温に戻り、「サーッ」と消えていました。

驚きと不思議です。

もううれしくて走って走って帰りました。

「有難うございます」「有難うございます」と繰り返し、家に着くと家族が迎えてくれました。玄関で「治してもらった」「治して頂きました」と涙の中で叫びました。

家族と再度喜び合いました。

出来ることなら、今すぐ三上山に登って県内の山々にも響くくらいの声で、

「先生有難うございます」

「神様有難うございます」

「先生のお陰でございます。大切な時間をお与え頂き有難うございます」と叫びたいと思いました。

その時一ヵ月前のヨーガ教室で、咳が出て困っていた折、すっと近寄ってパワーを送っ

て下さり、途端に咳が止まったことも思い出しました。不思議な力を一杯感じ、また涙が溢れました。

この喜びを全身で受け、すぐお正月の準備に取りかかる気持ちになり、何かと遅れている分、段取りよく動かせて頂き、感謝一杯で新しい年を迎えさせて頂きました。

本当に有難うございました。

今まで、私の書いた真理の本を読んだら治った、テープを聴いたら良くなった、祈念した水を使ったら改善されたとかは媒体として存在するから理解して頂けることと思います。この場合は、目に見えないお話です。それは大自然の偉大さ（神）をお伝えする言葉です。見える物、見えない物に関係なく真理を表現するところに愛と癒し、知恵と調和、必要なものが、素直に信じて受けられる心に感応して、結果が出るのです。

竹村さんには次のようなお話をしました。

ネパールの山麓にお釈迦様のお母さんと同じ名前のマヤ・デヴィという女性がいました。その女性も何人かの母親でした。その子供達の一人がバム・ジャンという少年です。

その少年が、お釈迦様のように、菩提樹の元に、食物を口にせず、瞑想を続けて半年近く座禅し続けています。

この季節、しかもネパールという寒い地域で、同じ場所に静止しているのです。

一方の肩は袈裟からはみ出し露出しています。その肌には土ボコリが積もっているのが見えます。

この寒空に、空腹で、風邪も引かないで、瞑想し続けているのは疑わしい。きっと夜半コッソリと何かを食しているのではと隠しカメラを作動させてみたが、今のところそんな形跡が写らなかったとテレビ放映されたのを御存知ですか。

私はこの少年の行いを信じたいのです。私も三十歳の時、『百日間』生きる意義を求めて水の行を敢行しました。

外は雪が降っているそんな中、水を浴びるのです。決心して行ったものの並大抵の寒さではなかったです。

ただ一つ、私の行いが正しければ必ず大自然（神）が守って下さると信じ続けました。

風邪を引く要因・病気になる原因がいかに揃っていようとも神の御守護は絶対です。

だから、あの少年の心がまっすぐ偉大なる大自然を信じ切って瞑想すれば、最悪の条件の下に置かれようとも、病気にならず念願は果たされます。

心を空っぽにして全部神様の方に向ける。何をやっても治らない、何をやっても結果が出ない時、全面降伏して神様にお願いをする。

そういう条件が揃った時、一瞬にして全快したり短時間で治癒されます。

真理から言えばなるべくして成っているのですが、人は奇蹟だと言います。

信じられない人は偶然と一笑に付します。――と。

◤「体験記」怒ってばかりいた私◢

今年になってから、いろんな苦悩する出来事がたくさん私にふりかかってきました。

父の喉頭ガンの再発。

劇団所属の娘の成績。

家業の営業成績――等。私は途方にくれました。お墓参りに行った時、そこで叔母に出会い、池田先生のところに連れて行ってくれました。先生は初対面の私の話をよく聞いてくれた後、『人間の使命』を手渡され、

「これをよく読んで下さい」と言って貸して下さいました。

それから父の検査の結果が判る再診のあるまでは、叔母に教わった真実相を念じ続けました。とうとう結果を知る日が来ました。

その朝、目を閉じて念じておりましたら、確かに線香の煙だとは思うのですが、煙の中から池田先生が笑っていらっしゃるお顔が見えたんです。びっくりしました。またお墓に行きました。お墓に着いたとたん、携帯のベルが鳴り、母から「父の喉には何もなかった。大丈夫だ」という知らせがありました。

あったものが無くなるなんて、私はすごく驚きました。それからというもの、寝ていても聞いていられないほどあんなに苦しそうだった寝息が楽になっており、一度目の手術でしわがれていた声がすごく聞こえやすい声に変わったのです。それから数日後、成績の良くなかった娘の演劇の試験が十五番に上がり、総合成績も上がり、次回の公演で考えられない役がもらえ、主人の仕事も順調になり、怖いぐらいの驚きです。

今になって思えば、私は、何に対しても、よく考えもせず怒ってばかりいました。

叔母・池田先生と出会い、真実相を勉強してから、全てのものに感謝しなくてはいけないとの教えに、今までの自分がうそのように変わっていくのを感じることが出来ました。

何が起こっても大丈夫だという自信さえつきました。やはり、自分を変えなければ何も始まらないことを悟りました。

真実相を教えてくれた叔母と、池田先生に感謝の気持ちでいっぱいです。心から有難うございました。

木岡　沙栄

悲劇のヒーローにならない

健康で目的を達成させようとする時、それに向かって、精一杯の努力をしても報われない時があります。

それは、人を蹴落としてまでやろうという争う心、あるいは憎む心が潜んでいる時です。この心は、体調を壊すばかりでなく、運命をも悪化させてしまいます。

野球の試合中、審判が監督と異なる判定をしました。異議を唱えても、その監督の申し立ては聞き入れてもらえません。監督はなおもすごい剣幕で抗議し続け、その直後腹痛が起こり担架で場外に運び出された事件を皆さんも覚えておられるかもしれません。

オーストラリア・シドニー・オリンピックへの出場者を選考するアメリカでは、男子百メートル世界記録保持者、モーリス・グリーンと、二百、四百メートルの世界記録保持者、マイケル・ジョンソンが一緒に走った全米トライアル男子二百メートルのことでした。五輪本番より厳しいとさえ言われている米国代表選考レース。二人は決勝スタート間もなく共に足を痛めて途中棄権し、文字通りの痛み分けに終わってしまいました。

その裏には、連日メディアが、言った、言わないの、けなしかけ合いをあおった側面もありますが、二人の舌戦は年を越しての罵倒戦になっていきました。間接的に伝え聞いた相手のコメントに、つい嗾《けしか》けられ本気で憎み合うことになってしまったのです。

お互いに負けられないレースでしたが、突然の足の激痛に、勝者も敗者もなく、その年の五輪の楽しみは一つ無くなりました。

もっと残念なのは、出たかもしれない世界新記録も生まれなかったということです。

実力者の心の乱れは歴史まで変えるのです。憎む心は自分の健康体も幸運も破壊します。

第三章　好転は信念

言葉に勝るもの

何かの本で読んだのか話として聞いたのか定かでないのですが、言葉に勝るものがあることを知りました。

プロ野球界のこととあってこれもあまり詳しくはないのですが面白いと思いましたので、取り上げてみます。ひょっとしたら名前等の記憶が間違っているかもしれません。

何年か前に、アメリカからロペスという選手が日本のある球団に入りました。

彼は、同じチームの人に「やれば出来るという意味の諺を教えてほしい」とたぶん英語で尋ねたと思います。

すると聞かれた人は、それなら「サルモ、キカラオチル」と言えば良いのだと教えました。彼は、日本語をほとんど知りませんでしたから、すっかりその言葉を信じ、自分の大成を夢見て、座右の銘として「サルモ、キカラオチル」と言い続けてトレーニングしました。すると、どうでしょう。彼は腕が上がり、米国に帰還してからも名プレーヤーとしての、活躍を続けたというのです。

言葉通りになるのだったら、彼は油断して失敗ばかりの選手生活だったはずです。彼は日本語を理解出来ず、『自分は今、やれば出来ると念じながら、言葉でも唱えている』と信じていたに違いありません。

だとすると、言葉は心と一致する時は確かに、言葉は神なりきということが出来ますが、信念と言葉が一致しない時は、信念が強力な働きをするのです。始めに思いありです。

このことからしても、何かを祈念する時は心に願っている事と一致する適切な言葉で、表現するのが合理的と言えるでしょう。

水に思念する

私の念じた水で、病院にかかっても治らなかった病気や怪我が完治したり、症状が軽減された等の体験に、

「そんな馬鹿なことがあるものか」

「回復時期が来ていたのだ」と、たかが水に、そんな力があるものかと、思われる方がおられることは疑いません。

サンマーク出版から江本勝先生の『水は答えを知っている』の本を開いた時、今後はこれで『良い波動を加えた水は、偉力を発揮することを説明するのが容易になり、大変有難い』と、心底思いました。

私達が母親の体内に宿り始めた受精卵の時は、九九％が水です。新生児が九〇％、成人すると約七〇％が水で、死ぬ直前でさえも五〇％近くの水分を保持しています。

その他、地球上の生命を生み出し育んできたのは全て水です。

人間は一生を通じて、保水状態です。体調を壊した時、体を占めている割合の多い水を、

良く変化させれば改善が図れます。

水を顕微鏡では観察し難いので凍らせて結晶体にしてからの写真でしょうか、江本勝先生のその本には、実にたくさんの実験結果の結晶写真が載せてあります。

- 名曲、童謡を聴かせた水、四季を見せた水＝美しい結晶。
- 神様という文字を見せた水、加持祈禱をした後の水＝荘厳な美しい紋様。
- 電子レンジ、テレビ、パソコン、携帯電話のそばに置いた水＝汚くて結晶もしない。
- 批判・罵倒した言葉を見せた水、ヘヴィメタルの音楽を聴かせた水＝無気味で不規則な破壊的な絵柄模様。
- 感謝、知恵、前向きな言葉を見せた水＝正確に整った美しい模様。

水は、私達が働きかけた、心や言葉や表現に、その時々にしっかり対応変化してくれるのです。英語仏語ドイツ語その他の国の言葉でも、同じ意味なら同じ変化が見られます。

この本の中に、小学生の子供が毎日学校から帰って、二つのガラスビンにご飯が入れてある一方に「有難う」、もう一方に「バカヤロウ」の言葉をかけ続けた結果が出たとあります。

前者は麹《こうじ》のような芳醇《ほうじゅん》な香りに変化し、後者は腐敗《ふはい》してまっ黒になってしまったと。


私達の体は七〇％水の入ったボトルです。身体の一部が、調子が悪くなったからと、今まで好き勝手に使って来て感謝も反省もせず、このダメな手とか、言うことをきかない足とか、すぐに炎症を起こす胃腸とか、マイナスな思いや言葉をかけていませんか。

器に入った水に良くない言葉を見せたり、聞かせたりしているのと同じで、容態はさらに悪くなることはあっても、良くはなれません。

名曲、名画、写真、美しい風景、会話が、肉体の水の部分に働きかけ、形の整った分子構造に変化し、健康を促進してくれるのです。日本、世界各地の名水の写真も載せられています。大都市は水が汚れていると思っていたところが意外に美しかったり、水の都といわれているところの水が悲惨だったりして、事実は奇なりです。

しかし、現状が何であれ水は生き物です。私達の為にはもちろんですが、子孫、後世に残して行く水の状態がベストであるように一人ひとりが心がけなければなりません。

このことからも、感謝し、長時間良い思念を与えた水が、人体、生物に良い働きをし、良い結果が出ることを理解して頂けたと思います。

自然の水に感謝の思いを入れた水とか、祈念した水とかの長い表現を止めて、私達は短く祈念水と呼んでいます。

一九九九年七月、我が県の琵琶湖に塩谷信男氏という水の研究者九十七歳を先頭に三百五十人が集い、清掃をし、水がきれいになることと世界平和を願ったところ、その年は藻が姿を現さなかったと新聞で報じられていました。

平成十三年三月、ある民間テレビ夕方のニュースで、江本勝著の『水は答えを知っている』の写真は、実験してみた結果、ニセ科学であると報道されました。

水は生き物です。実験する人の心、見えるもの以外は信じない心がしっかり反映されているのです。

ユリ・ゲラーが金のネックレスを自分の念力であと少しが切り離せなかった時、会場から応援をしてくれるように集めたのは、純粋な心を持った児童でした。彼らは素直に「切れると思ったら切れる」と信じている子供達ばかりでした。そしてそれは間もなく切れました。「そんな馬鹿なことがあってたまるか、インチキパフォーマンスだ、そんな結果にはならない」と信じている実験者には、その通りの答えが出るのです。言葉より信念が結果を出すのです。やはり、良い水に変化させるには、心から水の大切さを自覚し、感謝して「必要な人や物にとって良い作用をしてくれますように」としっかり願えばそうなるのです。

先にも述べました通り、各自の身体は血液や体液等水分の入ったボトルです。

過激なスポーツの終了後、その選手が勝戦だった場合は、体内の水の分子配列は、喜びの気持ちに満たされているので、すぐに正常に戻り、身体に受けたダメージ、怪我は驚く程早く回復し、敗戦で陥った暗いショックを受けた場合の回復が遅いことも全て心が水、物体に作用することを証明しています。

私がホンの数秒パワーを送ったり、少し真理をお伝えしたりすると皆さんの身体の水分と心が反応して回復する道理です。波調、信頼関係が合い、一分足らず静かに向き合っただけで全快した実例もあります。

大自然の治癒力をお伝えして皆さんの健康を回復したり、以前より丈夫になって快適な人生を送って頂きたいと愛念をいっぱい込めて書き記している書物、思い伝えているテープ、ＣＤがその通りの答えを表してくれるのに何の疑問が要りましょうか。

私の書物、テープ・ＣＤパワーに御縁のある方は、『人間の使命』の一七四頁「苦痛からの脱却」を必ず読まれて、素直な心になってから対応して下さい。人々は奇跡とか言われますが、私は、思った通りになっただけ、治らない方が不思議としか言いようがないのです。

ニキビはホンの暫くの間に

ひどいニキビが祈念した水をつけたら、三日目に無くなったと驚いて下さった方のお便りの一部を抜粋しました。

「S男もひどいニキビでした。姑が心配して病院に行って何度となく、強い塗り薬、飲み薬をもらい飲んでもいました。春休みで、里に帰り孫のS男の顔を見て、実母はとても驚きすぐに『池田先生の勉強会で、良い言葉で念じて作らせて頂いているお水で、顔をふきなさい。せっかく勉強しているのに……』とたしなめられました。

祈念水でふいたS男の顔は一日目からめきめき美しくなり！　私も『なんてバカだった』と反省しました。親指の一節くらいの大きいアザ風になった固く黒い首すじも一日目の半日後には、アカが剝がれるようにコロコロと取れ、四月七日には、すっかり美しくなりました。三日目には、美しい肌が出て、本人はもとより実家の皆も喜んでくれました。美しくなったS男を連れて家に帰ると『薬、薬』と言ってくれていた姑は、S男を見て『あの顔のニキビはホンの暫くの間に一体どうして消して来たのよ。本当に……』というふうな感じで呆然としました」

このお便りを講演会で、皆さんに読んで紹介しましたところ、それを聞いて早速実践された方から、また次のようなお手紙を頂きました。

「S男君が、祈念した水を塗ってニキビがきれいになったという話を聞かせて頂き、すぐに我が家の次男も顔にぬりましたところ、見る見るうちに、きれいになっていきました。長男の手あれが気になっていましたので、長男にも、『祈念した水をぬるといいよ』と言いますと、次男のニキビがきれいになったこともあり、素直につけてくれております」

つまずいて知る大願成就

真理を学習・実践していればさもありなんと思う反面、元は他人の夫婦でも、このように強い絆になれるのかと感動した体験文を次に載せます。

長村　婦美子

実家は、京都の壬生で大きな染物・呉服問屋を営んで、商売が盛んなときでした。使用人さんも三百人ほどいてくれまして、上海とか香港まで、ある商社を通じて、婦人・子供服まで手を広げて、今でいう外貨獲得をしておりました。

ある日のこと、子供の私が、

「お父さん、よそのお家は、お花を活けて、お茶の道具をそろえてキチンとしてはるのに家《うち》とこは、いっぱい糸屑やら布切ればっかりで、お客さんの通りはるところもあらへんな」と言いましたら父はコワイ顔をして、

「何を言うてるのどす、これは小判のクズです。有難うと言わにゃなりませんで」と言う

ほど、商売一筋の父親でした。

染色をした反物を水洗いしますのには、川では出来ませんので、特にジョーゼット等のうすい生地は工場の中にコンクリートで川のような装置を作って、モーターで水を上げたり、染の配色、生地の織り方、糸のより方などみな、一つひとつ父が眼を通して、はじめて商品が出来上がるような状態でした。

ところが、その忙しい納品の最中に、父の眼が一晩のうちに何も見えなくなってしまいました。母は腰が抜けるほどビックリして、父も「どうにもならん」ということで、ともかく医者へ行くにしても皆に知れたらいかんから眼の医者へ行くわけにいかん。ともかく家を出ようということで、どう話がまとまりましたのか、二日後に母は、金庫の重要書類をカバン一杯に詰めまして、

「お父さんとお母さんはな、突然に上海のお得意さんから招かれて、お商売のことで行かななりませんから、お前たち兄弟の世話は女中頭に頼んであるさかい、しばらく留守にするけど、おとなしうして待っててておくれ」と、私たち子供には言いまして、ありのままの事を一の番頭さんに告げて、

「これは絶対秘密にしておいてほしい」ということで、夜明けの二時か三時頃に家を出て

行ったのです。

その頃、実家では、お商売の神様として、京都の洛北にある、鞍馬山の毘沙門天様をお祀りしていました。そこへ父と母は行ったのでした。そして山のふもとの一人暮らしのおばあさんの家を借りまして、母は明け方二時半に起きて「鞍馬さん」に上って、お不動さんの滝に三十五日間打たれたといいますが、不動の滝からずうっと山を廻ってお参りをして、その間に二十一日間の願かけをしたそうです。

十日あまり経ちました頃から、父は願かけして一週間以上もお参りしているのに、まだ目が見えませんから、短気を起こし、不機嫌で、イライラした毎日だったそうです。

母の方は二十一日間の行を毎日続けていまして、十七日経った時、父は「もうあかん、帰ろう。こんなことしても生きられへんがな。家の商売ほったらかしておいて……眼が見えんでも、何とかなるやろう、さあ帰ろう」と、どうしても言うことを聞いてくれませんので、母は泣いて頼んで、

「二十一日間の願を神様にお願いしたんですから、あと四日間はどうしても待って下さい」と言ったそうです。が、その四日間を待つのは、どれだけの長い四日間であったことかと想像に余りあります。

そしてようやく、またいよいよ問題の二十一日目の朝を迎えました。

「お父さん、今日は満願の日ですから、お弁当をたんと持ってお参りしまひょ。今日はお父さんの眼が開く日やから、今日はお父さんの眼が見えますのやで」と言って、山を一日廻って奥の院に二人して行きました。二十一日目の満願の日の朝が来ても父の眼は見えませんでした。

かずというのは母親の名前ですが、

「かず、もうあかんわ」

「お父さん、何をおっしゃってますのや。今夜の十二時まで二十一日間ですさかい、辛抱して下さい」

と励ましたりしながら、手を引いてお参りして廻りました。そしてお参りするところはすべてとことん廻って終わった時は夜の九時頃で、二人して奥の院に着きました。

「さあお父さん、いま九時ですさかい、あと三時間あります。有難いことです。私に三時間お経を誦《あ》げさせて下さい」

と言って一所懸命にお経を誦げました。

そして気がついたら時刻は十二時をとうに過ぎておりました。いかに信仰深い母も、こ

の時はガクッとして、

「さあお父さん、お経は誦げるだけ誦げましたさかい、これから山を降りまひょ」

と、真っ暗な中に提灯に火をつけて、片方の手で父の手を引きながら風呂敷包みを背中に負うての帰り道、まあ、こんなにも涙が流れるものかと思う程、泣けて泣けて仕方がなかったと申しております。


一足一足暗い山道を足許に気をつけて、夫婦が手に手をとって、山を下って行きました。夏のことですから夜が白々と明けかけて来ました。お不動の滝の所まで降りたとき、突然のことに、夫婦二人の足が何かに引っかかったのか、いっときにデーンと一緒にひっくり返ってしまいました。


父親の体は、滝つぼに半分程入りかかってそれでもやっと二人で助け合うように起き上がったそうです。

「まあ、かず、これ見てみい。こんな大きな木の株で足が引っかかったんやなあ……」

「お父さん、あんたこの株が見えますのか？」

「ええっ？　ほんまやな！」

まあ、二人ともビックリして、

「ああ、眼が見えたんやな、ああ眼が見えてる！　眼が開いたんやな」と言って、そこで、二人は抱き合って喜ぶというのか、感激して二人とも泣いてしまったと言って話してくれました。

そこは、母が毎日、時には二回、三回とお滝に打たれていた不動の滝のそばの松の木の古株だったのです。

という所でこの一節は終わりになっておりました。

一心不乱に信じて行じる光景が、目の前に広がります。集団での雨乞い祈りをして傘を持って来るのは子供だけという話がありますが、大自然（神仏）にお願いすれば、必ず望みは叶えて頂けると強く素直に信じて行動することの大切さを教えられたお話でした。

◥「体験記」手術は不要です（目・大腸ガン）◣

新しいテープ基礎真話五巻と本・祈念水をお届け頂き、毎日聞かせて頂きましたところ七月十三日㈮滋賀医大の眼科で診て頂いた所、目の赤み、はれがすっかり無くなり、「薬も手術もいりません」との事で、大変喜んでいます。これも池田先生のお

蔭と、感謝させて頂きます。

岡本　美江

二、三日前より風邪を引いておりましたが夜半、突然の激痛に苦しみました。
風邪の菌がお腹に行ったのかと思い病院に行くと検査、検査です。

ＣＴ検査の結果、明日入院、明後日手術の予定で「家の人にお話がしたいので五時迄に来院するよう」と言われ、驚く間もなく帰宅しすぐ主人に連絡をとりました。

翌朝、ヨーガに参加して早速先生にパワーを頂きました。その間、内臓がグルグルと音を立てて動いているのを感じました。

ＣＴ検査の時は、風邪なのに何故こんな検査をするのかしら、というぐらいの疑問しか浮かばなかったのですが、ＭＲＩの時はやっと我に返り、完全健康真実相と唱えさせて頂いておりました。

一週間が経ち検査結果が分かりました。

大腸ガンもなし、その他の検査も異常なしでした。先生に又助けて頂き、本当に有難うございました。もっともっと常日頃より感謝と祈りの生活を送らせて頂かなければばと改めて思い知らされ、先生が何時もおっしゃっている「し続ける」実践をしたいと思っております。

轟　多重子

「ガンバレ」は何故いけないの？

スポーツの選手に「ガンバッテとかガンバレとか言われるのは、どうですか」と尋ねる記者のマイクに、

「プレッシャーがかかって気が重くなります」の答えが返って来たりします。

病気の人や受験を控えた人に同じ質問をすると、

「頑張っているのに、更にその言葉をかけられると、こんなに頑張っているのに、もうこれ以上頑張れないと辛く、腹立たしくなる」の答えがあります。

これらの話を聞くと、励ましたい相手があっても迂闊《うかつ》に「ガンバッテネ」と言えない気持ちになってしまいます。

ある時、友人が「私、今後、『ガンバル』という言葉を使うのはよそうと思うの。頑張るという言葉は我を張って頑固さを意味する、とある雑誌で読んだから」と話していたのを思い出します。

今、もう少しこのままの状態が続けられたら、良い結果に辿り着ける時とか、マラソンのゴールテープが目前の時にかかるガンバレの励ましの言葉。

やけを起こさないで、今、暫し、本人は嫌いでも回復を促す摂生食事、回復を早める辛いリハビリを続けなければならない時にガンバレの思いやりの言葉。

一体、「がんばって」の言葉の、何がいけないというのでしょう。

もし、もうすぐゴール寸前という所で、息苦しくなった時、完治寸前で「頑張らなくても良いのよ」とか、拍子抜けする言葉がかけられたら、どうでしょう。

皆の代表で出て、ここまで頑張って来てあげているから「もうこれ以上頑張れない」と思ったり言ったりしているとすれば、非常に残念なことだと思います。

当人がダメになる程、努力しなさいという意味の「ガンバレ」ではないのです。今、出せる力を精一杯出して悔いのないようにという声援なのです。不仲の場合は別にして、朝、あまり早い時刻でなくて、お昼にはまだ少し間がある時間帯に、出会った人から「お早うございます」と挨拶されたら、「一体、何考えているのよ、こんな時間が早いだなんて」と反論はしません。

「お口に合わないかもしれませんが、おひとつどうぞ」と差し出されたものに、「美味しくない物ならいらない」と拒否もしません。

言葉の意味を深く考え過ぎて、いちいちあげ足を取っていたら、粗食後の「ごちそう様」の言葉も皮肉なものです。

「頑張れ」も、心の底から言う時もあれば、心の交流、深い意味を持つことのない挨拶程度のものもあります。

いずれにせよ、その状況におかれたあなたに寄せる思いを、言葉にしてお声がけして頂いたことを喜んで良いのではないですか。

もし、言葉がかからなかったら、声援がなかったら、実に寂しいものです。

芸能界の夜間通路のすれ違いの挨拶は「お早うございます」です。この言葉は時間を問わず、仕事を既に始めている人へのねぎらい、あるいはこれから始めようとしている人が「よろしく」という気持ちを伝える挨拶です。名優からのこの挨拶に若いタレントはうれしくてしびれるそうです。

早朝清掃奉仕をしている私にかけて下さる「お早うございます」の言葉のなかに「有難うございます。ご苦労様です」の心がしっかり感じて伝わってくることがあります。同じ時代に、使命を持って生活している同士としての温かな思いやりを「頑張って」という言葉で表現しているのです。

努力せよ、精進せよ等の言葉でもいちいち「これ以上無理せよ」と命令するのか等と反感を抱いたり卑屈になったりすると、友人や周囲は「こういう言葉をあの人にかけたら、また変に解釈されて恨みを買うだけだからもう何も言わずに無視してしまおう」ということにもなりかねません。

建設的な言葉なら、自分という人格を認め心をかけ応援してもらえていると感謝して、素直に受け留めるのが良いのです。

自分が一番頑張っていると思い込んでいる人もあるでしょうが、世の中には、もっと逆境や苦境の中で頑張っている人がいるということも知っておきたいものです。

ブラック・ジョークはタブー

作家の小川由美さんが新聞の一枠に言ってはいけない冗談があると書かれていました。人生これからという若者にとって何でもない冗談でも、夢や希望を持ちたくてもそれを実現させる体力も努力するための生存年数も残り少ない老人には、骨身に沁み哀しくてやり切れない思いにさせられるものです。左記に書かれた文章ですが、言われた人はやはり落ち込んでしまうと思いました。

「友人のご主人はとてもやさしい。同居の母親（八十六歳）が調子が悪いと言えばリンゴをすって持っていくし、肩が凝ると聞けば自分の疲れを隠し、もんであげる。時々、気分転換のドライブにも連れ出す。

その日曜日も友人夫婦は母親を乗せて遠出のドライブをした。途中、高速の長野道・姨捨山サービスエリアで休憩したとき、冗談好きのご主人は母親に笑顔で言った。

『ここへ捨てていくかな』

母親は一緒に軽く笑った。

『事件』は二日後に起きた。義母が部屋から出てこない。『入ります』とふすまを開けて、友人は驚いた。義母は腹巻きにサイフを押し込んでいるところだった。足元には膨らんだ旅行カバンがある。『どうしたの！』義母は突然、泣き出した。

『私はもう捨てられても仕方のない、役に立たない人間だから家出しようと思って……』

友人はハッとした。忘れていた夫の冗談を思い出した。笑ってオシマイ、は表面だけで、老いの心にあの一言はぐさりと刺さったままだったのだ。友人は義母の肩を抱き、日ごろの夫の孝行ぶりを説いた。

『――私も主人もおかあさんに長生きしてほしいのよ』やがて義母はうなずいた。一件落着とホッとしたが、一ヵ月後、義母が飼い犬に話していた。

『コロちゃん、私はねえ、捨てられそうになったんだよ』

友人は飛んで行き、言った。

『あれはほんとに冗談ですよ』

義母の返事がふるっていた。

『冗談でも、人はつい本音を出すものだよ』

親子でも言ってはいけない冗談があるのだ。愛があっても」

と結ばれています。

私の書道教室では毎月練習の課題が変わります。ある月の大人の手本に「生と死」というテーマで載っていた文章をすぐに思い出しました。

「死の瞬間私達が裁かれるのは自分の善業の数によってでもなければ一生の間に手に入れた資格によってなどでもありません。

私たちは、その時々にどれだけの愛をこめて仕事をしたかによって裁かれるのです」のくだりです。

溢れるような愛があっても、表現が下手だったり、場所と時と人に見合ったものでないと、それはかえって相手を傷つけてしまいます。その人の辛い所や痛い所には触れない愛を示したいものです。また、死の瞬間に何者かが裁くと仮定しても、私達は裁かれることを恐れて、その為に愛を込めるのだとしたら、それは偽りです。

真の愛か、見せかけだけかは、自分自身が一番よく知っているのです。故に自分が自ら信賞必罰を行い、すなわち自分が悪かったと悟れば自己処罰を行い反省し再び同じ過ちをしないように努力したいものです。

眠れゴンザレス

プロレスやボクシング等で流血の悲惨な闘いを目にした時など、そのレスラーやボクサーの身内、熱狂的なファンや関係者が気を失ったり、心筋梗塞を起こして倒れる等のシーンを見たことがあります。

これらからも解るように、平常心でおれなくなった時は、多かれ少なかれ心の動揺した分だけ、その人の肉体に影響を与えているのです。

心の変化は本人の身体に良きにつけ悪しきにつけ必ず影響を及ぼしますが、他にも家族や組織をも巻き込む時があります。

ある時、たくさんの動物を一斉に眠らせてしまうという催眠術師が今度は獰猛《どうもう》な闘牛をある制限時間内に眠らせることにチャレンジするらしいテレビ番組を途中から観る機会がありました。

それが始まる前に、過去にオーストラリアで眠らせた羊の群等の記録が映されました。

『すごい人がいる』と思いました。何年か前の事でもあり、細かい記憶に間違いがあるか

もしれませんが、結果だけははっきり覚えています。催眠術師Y氏の今度の挑戦はスペインです。仮にその暴れ牛をゴンザレスという名前で記してみます。

柵の中に、全く落ち着きのない、「闘う相手はどれだ」と言わんばかりに闘争心むき出しの大きなゴンザレスが鼻息も荒く、大きな目を見開き右に左に体を揺さぶっています。Y氏は柵から少し離れた所から、眠れゴンザレスとばかりに牛に向かって手をかざしながら術をかけています。制限時間がどれだけだったかは知りませんが、ある程度時間が過ぎてもゴンザレスに変化が見られません。

するとY氏は術をかける事を中断して、スタッフに何かを依頼しました。

他の牛を三頭同じ柵に入れるよう要求したのです。その時は生憎《あいにく》、乳牛しか用意出来なかったとかでホルスタインです。

急に引っぱり出された牛達は、暫く茫然と突っ立っています。

Y氏は新入りの牛達に術をかけ始めました。間もなくその牛達は欠伸《あくび》を始めました。そのうち目がトロンとして来たと思うと前足を折り曲げ、次に座りの姿勢に入りました。

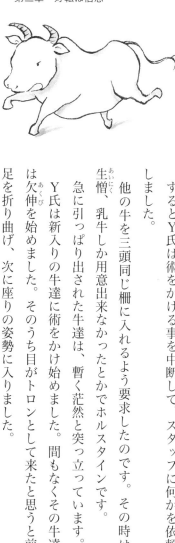

それを見届けるとY氏は再びゴンザレスの方に向かって術をかけました。

ホンの僅かな時間に、ゴンザレスも欠伸を催しました。

制限時間が来たようです。

ゴンザレスの目の前に、嗾《けしか》けるように大きな布が振られます。

ゴンザレスはそれに反応せず動きません。眠くて闘争心が萎えてしまったのです。

斯《か》くしてこの挑戦はY氏の勝利と認められたようです。

これを観て一頭の荒くれた牛が、三頭の穏やかな心に感化されたと思いました。

Y氏はおとなしい乳牛を更に温和にして、その気持ちの波動を利用したのです。

これで先に述べた意味がよりよく理解して頂けたと思います。

仮に家族の一人が問題児やがんこ者であったとしても責めることなく他の人が仲良く穏やかな気持ちで包むように生活すると、やがて家族の心は一つになります。家族のみならず地域も社会も良い思いを広げ、住みやすくしたいものです。

第四章　好転は反省

◥「体験記」母の生き方娘が習う◣

娘より「敬太の初誕生のお祝いの靴は十三センチの軽いものにして欲しい」と電話があり早速送りました。三月六日は四番目の孫、私にとっては、初めての男孫敬太の一歳の誕生日なのです。有難くて有難くて感謝の気持ちで一杯です。十ヵ月前を思い出します。

私の命も含め持てる物全てと引き替えても守りたい孫敬太の病気の原因が祖母の私にあったことを教えるために生後二ヵ月余りの小さな体で苦しみ、耐えて導いてくれたのだと思うと申し訳なくて泣きました。

風邪から細気管支炎の診断で入院した四月一日の夜、突然、呼吸困難になり人工呼吸器をつけざるを得なくなったのです。

付き添っていた娘より敬太が急変したとの電話で病院へかけつけた私は、あまりの変わりように腰もヒザも、砕けそうになりました。
主治医の先生より「良くない状態です。出来る限りの手当てはしました。後は赤ちゃんの生命力だけが頼りです。入院していたので、手当てが速かったので助かっていますが、家にいて発作が来ていたらおそらく……」

五十六年生きて来て幸せすぎて、神、仏に助けを乞うということがなかったのです。それが有難いことだと思えず当たり前だと思っていたのです。

「赤ん坊の生命力だけが頼り……」

私は池田先生に電話しました。

「助けて下さい」

先生は、私の今までの生活姿勢を厳しく指摘されました。私の我が強いのでいつも相手が言いたいことも言えずに我慢している。特に主人も含め男の人に言いたい言葉を飲み込ませているので、幼い男の子である敬太の息がしにくくなっているのだと諭されました。

我の強い私は今までいろいろ御指導を頂いていたのに都合の良いように解釈していたこともあって、真剣さが足りないと叱られました。

そんな生活を娘がしっかり引き継いでいたのです。

でも先生は見捨てず遠い病院まで足を運んで下さいました。お蔭でその後何度も不思議な力を見せて頂きました。

■池田先生が病院に来てパワーを送って下さった直後から今まで飲まなかったミルクをたくさん飲むようになった。

■胸につけてあった管理センサーも外された。

■再度人工呼吸にしなければならないかという時五人の先生の意見がまとまらず、見守っているうちに徐々に容体が落ち着き必要がなくなった。

■排泄物の分量のチェック、タンの吸引も不要になった。

■ようやくおためし外泊になった次の日、もう一度検査を受けて異常が無ければ退院ということだったが診察の結果、検査の必要はなく四月二十日そのまま退院になった。

退院の日は有難くてうれしくて病院の帰りに花の苗を買って帰り、植えました。

人間というものは欲ばりなもので最初は「どんな状態でもいいから生かして下さい」と手を合わせました。少しあかりが見えてくると、今度は「目が見え、耳が聞こえ、口がきけるように助けて下さい」とお願いしました。

神様は、身勝手なお願いなのに全て聞いて下さいました。明日一歳になる敬太はよく食べ、よく太り、十日程前から歩き始めたと電話がありました。

これからも、不思議の力を信じ、周りの人や物に感謝しながら生活して行きます。

有難うございました。

美木　富子

可愛いお孫さんが生死をさまようような病気に直面しているのを見るとおばあちゃんはいたたまれないものです。

縁ある者達が生きている間はそれなりの健康と幸せな状態でないと人は本当の幸せを感じないのです。

人の命の源は一つです。皆が根源で繋がっているので誰かが病気や不幸になっていると心配で胸が痛むのです。
敬太君が完治するまで、懸命に看病されたお母さんから次のような退院報告を頂きました。

この度は、大変お世話になり、有難うございました。お忙しい中、二度も病院に来て頂き、何とお礼を申し上げたらいいのか……。おかげ様で昨日無事退院できましたことをここに報告させて頂きます。

四月一日のお昼に入院、夜になって容態が急変、その後回復するまでに、二十日かかってしまった訳ですが、その間は、つらい治療に耐えている息子敬太を見ながら、今までの自分を見つめ直す貴重な時間でもありました。薦めて下さった本を読んだり、テープを聴いたり、母と話をしたりするうちに、周りの人、ものに感謝すること、小さなことでも、それを喜ぶ大切さを知り、ベッドで眠っている敬太に向かって「今日はいっぱい、いいことがあって良かったね。明日もきっといいことがいっぱいあるよ」と話しかけて一日一日を過ごすようになりました。

これからは決して出しゃばらず、謙虚な気持ちで、周りに気配りが出来るよう心がけて行きたいと思っています。そして皆さんに助けて頂いた敬太を〝心も体も健康な男の子〟に育てたいと思います。本当に有難うございました。

平成十二年四月二十一日㈮

塚本　佳子

◥「体験記」長年の喘息は嘘だったのか◣

私は竹村稔と申します。六十七歳です。昭和六十二年気管支喘息発症またこの十月二日に肺気腫の診断を下されました。

秋頃より階段、坂道、荷物を持った歩行に息苦しさと疲れを感じるようになりました。

今迄無かった咳、痰がよく出るようになり足元から力が抜けるような感じで、普通に歩くことが出来ないようになりました。

最近は、起床時、胸苦しさと、ややもやとした不快感があり、その後、咳がひどく痰切りが非常に苦しく、昼間は倦怠感があり、苦しんでおります。

先生にお縋《すが》り致したく、どうか宜しくお願い申し上げます。

このお手紙を頂き、竹村さんの奥さんを思い浮かべておりました。

奥さんとの出会いは私が毎日早朝、清掃奉仕を続けさせて頂いている何ヵ所かの一部で掃除している時、朝の散歩をされながら、「ご苦労様です」と言葉をかけられたのが最初でした。日をおきながらも、二度三度と挨拶を交わすと馴染むものですね。

間もなく近くの会場で私の講演がありますとお知らせするまでになったのです。

果たして、通りすがりの二、三度の出会いの方が、作業着で清掃している者の話など聞きに来られるでしょうか、お知らせしておきながら、そんな考えでおりましたから、その事は忘れてしまっていました。

ところが、その講演会に竹村美津子さんは来て下さっていたのです。講演が終了した時、目に涙をいっぱい溜めて、

「今まで、他の宗教の教えを学んでいましたが、こんなに納得出来る教えに感動しました」と感想を伝えて下さいました。直後、今までのところにケリをつけてメンバーになられたのは言うまでもありません。そしてその素直な心の変化の程度、御自身がより健康になられ、家庭にあっても真理を実践され、家族から良さが認められ、医療関係の仕事に従事しておられる夫君までも感化してしまわれたのでしょう。

先のお便りにお答えすべく、時間を設けて応対しました。

この度は早速にもお世話様になり、先生より尊いパワーを頂き本当に有難うございました。お陰様にて、それよりは見違えるように楽な身体になることが出来ました。

先生のお力と大変喜んでおります。

暖かいお部屋で、先生のお掌で直に私の身体を癒して頂きました。また、先生のお話を伺い身も心も洗われ、元気を頂くことも出来ました。今、身に余る幸せをひしひしと感じております。先生にお目にかかれましたことが叶い、本当に良かったと感謝しております。

家族に永い間心配をかけ、苦しい咳の出る日々を過ごしておりました。

不思議にも有難く生き返ったように変わりました。その後すぐに自転車にて、近江八幡市文化会館『近江八幡を描く絵画展』へも行って参りました。

痰が出て、気管支がえらくて困っておりましたのに咳が止まり、身体が軽くなりました。顔がピンクになりました。

外に出ても、一杯に空気を吸っても咳込まなくなりました。これからも元気を頂くことで、安心感も生まれ、身体に勇気が出て来たように感じられます。いま生まれ変わったかの如くにて、大変喜んでおります。

本当に有難うございました。

竹村さんの御自宅からてんびんの里、近江商人の街、近江八幡市はＪＲにして三駅北に位置し、電車でも十数分かかるのですが、それを、今の今まで咳込んで苦しんでいた方が癒された日の午後に出かけられたのです。気力も一緒に与えられたとしか考えられません。早朝の清掃奉仕は周辺を気持ち良くさせて頂くだけでなく、良い人間生活の出来る真理をお伝え出来ること等は、この上ない特典だと思います。

奉仕作業で拾ったゴミの中でもったいなくて処分出来ないものがあります。一昔前だったら落としたかもしれないと気づいたら、時間の許す限り引き返しても探したであろうハンカチーフ。今のハンカチーフの繊維は綿、絹、麻、タオル地等いろいろあり、色、柄もシンプルな物から、カラフルなスカーフに出来るような物まであります。形あるもの故、洗濯して保管しておりますが、その数は縫い合わせれば、大きいテーブル掛け数枚には仕上がると思えるほどの数です。

第五章　好転は愛

奉仕作業は愛でするもの

平成十七年七月十三日の夜から十四日の未明にかけて、この地方は近頃では経験したことのない程の激しい雨に見舞われました。私が新聞を配達に行く時間には、もう止んでいました。が、余程の豪雨だったのでしょう。橋脚を越え橋の上には、流れて来て打ち上げられたゴミが山盛りになっていました。水かさは橋桁《はしげた》スレスレまで下がってはいましたが、川は音を立てて流れていました。

新聞配達を済ませて急いで帰ると、私はゴミ袋と掃除に必要な物を持って、再びその場所に向かいました。

大きな枝や長い雑草、フェンスの潰れて曲がったもの、日常のゴミ等が打ち上げられていて、持って来た大きいごみ袋はたちまち何枚も使い果たしてしまいました。

朝五時を過ぎると、出勤し始める人がいるのを、自宅周辺や地下道やガード下の清掃奉仕を毎日していますので知っています。

その人達が通られる前に、やり終えたいと思い、最後の仕上げにと小さなゴミを汗だくになって掃き集めていると、背後から、

「お早うございます」と声がかかりました。

隣組の小森さんです。この方は、モラロジーを永きに亘《わた》って学んでおられて、そこの小冊子を愛行で、ずうっと配って下さっている私より年配の女性です。私の方からもご挨拶をお返しすると、

「こんな大変なこと一人でして下さって、池田さんは勇気がありますね、お手伝いします」

と、散歩の途中だったのに、ゴミ袋を閉じたり、袋が破れないように用意したビニールひもをかけて、すぐ近くのゴミ集積所に運ぶのを手助けして下さいました。

お蔭で、人通りの多くなる前に、何事もなかったように、橋もその周辺もすっかり綺麗になりました。

一人になってふと、先程、小森さんが言って下さった「池田さんは勇気がありますね」の言葉を思い出していました。

いつもの清掃奉仕や今回の特別な清掃は、一体どんな気持ちで行うのだろうかと考えてみました。清掃奉仕は約三十五年くらい継続していて、起床して外に出れば清掃と、もう条件反射のように無心で続けていたような昨今です。

始めた頃は、「お金も時間も体力もない自分が、自分の事以外で何かお役に立てる事が清掃」そんな思いからでした。

空缶や空ビン、尖ったゴミは車の事故や怪我に繋がることがあるので、それが無いようにと願い、犬のフンや、嘔吐物は不快になるので、他の人が見ることなく気持ち良く通行出来るようにといつも思っていることは事実です。真のボランティア活動は、感謝・報恩の気持ちと、他に向けての愛がないと出来ません。

この場合の私には勇気の前に思いやり、愛があるように思えるのです。

愛を表現するのに、簡単に表現出来る場合もあれば、非常に勇気のいる場合もあります。

しかし、他人が危険にさらされた時、我が身を考えながらその人を救助する余裕はありません。愛が大きければ、愛が深ければ、愛が多ければ、勇気を持っての意識等なく、すぐにその人の為に働きかけられると思います。

燃え盛る炎の中に、我が子を助けに飛び込む母親、溺れる幼児を救おうとする少年、またホームに落ちた人を引き上げる為に、我が身もいとわず降り立って、大切な若き命を失った韓国の青年の実話等を思い出しても、我欲にとらわれていなければ、純粋な愛を全ての人は持っているのです。

表現出来た時、愛と良い勇気は同質のものかもしれません。

積極的と評価される人は、良い意味では自分を向上させるための勇気であり、その反対の意味では我欲を満たすためのものです。いずれにせよ、自己愛を表現する行動を言います。

この文中、私が新聞配達をしていることを書いていますが、これも報酬を頂かず好意でしています。私の事務所はマンションの九階にあります。このマンションの玄関は、セキュリティーの為に夜十時から朝五時まで施錠されます。

マンションの住民はこの時間帯でも出入り可能な別のドアがあり、そこのキーを持っています。新聞屋さんが、「このマンションが開く五時に合わせると、他家への配達に都合が悪い」と嘆いておられるのを知っていました。

ある朝、○○新聞配達の方が「ここのマンションの配達はホンの一部なのに、他を済ませて、また来るんです」と話しかけられたので、ついお気の毒になり、「私、毎朝、ここに来ます。よろしければ、ここの分、配達しましょうか」

かくて話は即決、私が都合つかない時はお断りすることにして、新聞配達が始まりました。

どの職種でも、その業界にしか分からない大変な事があります。新聞関係は、突然の雨、輸送の妨げになる雪、交通渋滞、身近なことでは、配達人のエレベーターの確保等です。私は他の人に出来るだけ迷惑がかからないように歩いて九階まで昇るようにしています。そんな小さな心遣いに気づいて、お礼を言って下さる配達の方もいます。

配達経験一年後くらいの秋のある朝『人間の使命』を事務所へ運び入れようとしていると、○○新聞の山本さんが「重そうですね、何が入っているのですか」と尋ねられたので、「私の書いた本です。お読みになるのなら差し上げます」と一冊お渡ししました。それから一ヵ月程経過した寒い朝、玄関で配達終了したらしい山本さんに「お待ちしていました。少し時間、頂けますか」と呼び止められました。

外では寒いからと、私の事務所まで引き返しお話を聞くことにしました。

「あの本、読ましてもらってから僕、運が良くなったんです。次の仕事が見つかるまでと配達していたんですが、一向に仕事が見つからず困っていたところへ、池田さんから本を頂いたんです。読んでいるうちに、運を悪くしていたのは自分だという気になって反省したんです。そしたら、以前、入りたかった会社があり採用試験受けてもアカンかった、そこから『使ってやるから来い』と電話をもらったんです。この本のお蔭や思って、お礼が言いたくて待っていたんです」

の報告に、なんと素直なお方かと、私自身が職にあり就けたようにうれしく思いました。

夏の早朝、駐車場には眠らない若者がたむろしています。

通行の邪魔になっても「ごめんね、帰りにもう一度通るからね」とか、「体は大丈夫なの？」と問いかけたり、時々講演会の時の、子供さん向けのおやつの残りを差し入れたりして、少しずつ親しくなっていきました。どの子もこの子も大切な神様の子、良い道を伝えたいと切望しました。

「ここのリーダーは、どなたかしら？」

「オレ……」

「この本、私が書いたんだけど、みんなで読んでくれる？」

「本好きやし読む、もらってもええん？」

「もらってくれて有難う、でも、お願い、いらなくなっても、この近くには決して捨てないでね」

「うん捨てへん、約束するわ」

こうして、彼らに『人間の使命』は渡って行きました。それからしばらくして彼らは、もう夜明けの街に現れませんでした。

約束した通り、捨てられた本も見当たりませんでした。

近場のお店で買い物を済ませ出ようとした時「こんにちは」と明るい声で挨拶してくれる青年がいました。

「こんにちは」と顔を合わせると、確かあのグループの一人です。にこにこしています。

とっさのことで、それ以上の会話は出来ませんでしたが、隣の青年が、

「誰、あの人」と小声で彼に聞いています。

「ああ、ええおばちゃん」と答えてくれました。

彼らにとって、私は初めは変なおばさんだったのでしょうが、いつか良いおばさんに昇格させてもらえたのです。そんなことがあった数日後の早朝、マンション前の道路を、あのグループの中の一人だった若者が清掃しているのを見た時は感動で胸が震えました。

平成十八年の日本アルプス附近の初冠雪があってより一週間程は、この青空はどこまで続いているのだろうかと思われるくらい抜けるように晴れ渡っていました。

毎日毎日晴れるので、もっと白く洗い上げたいものは漂白剤を入れ一夜浸けておいて短く洗濯機を作動させ糊をつけると、まっ白にピーンと乾き、とても気持ち良く仕上がります。

もうこれ以上、漂白、糊づけするものが無くなったと思う頃、台風二十三号、二十四号と連続して発生し、午後からお天気が崩れると予報されたその朝も、やはり寒い日でした。いつものように五時頃までにやるべき事を済ませた後、新聞配達に出かけました。マンションのドアを入った両側に一人ずつ、赤い上下のトレーナー服を着た中学生風の女の子たちが冷えたタイルの上に足を投げ出して座っていました。一人は自分の両腕で顔を隠すようにしていましたから、気分が悪いのか、眠り込んでいるのか判りませんでした。

起きている女の子に、

「お早う。寒くない？」と話しかけると、

「めっちゃ寒い」と一度合わせた視線をそらせながら答えました。

「風邪を引かないように、身体大事にするのよ」と続きを言うと、今度は言葉でなく、コクンと首で頷きました。

事務所での半時間程の仕事を終えて、自宅に帰ろうとしてエレベーターから降りて、気になっていた玄関に廻ると、二人の女の子はまだ居ました。顔の隠れていた方の女の子は体勢が一段と崩れ、死んでいるかに見えました。

「ここのマンションの子？」と聞くと、

「ううん」と首を横に振ったので、続けて、

「このマンションで入れてくれる、知っている人はいないの？」とただすと、

「うん……」と小さな声が返って来ました。

小刻みに震えているのが判ったので、

「イヤでなかったら、私の所に来て熱いお茶でも飲む？」と言ったら、

「良いの？」と言う返事がすぐにあって、もう一人の子を揺り動かしました。

生きていたその女の子は髪が顔を覆ったままなので、どんな子か判りません。

そんな二人をまた事務所まで引き返し案内しました。

すぐにお茶二杯分程のお湯を沸かし、「答えたくなければ答えなくても良いけれど」と、気になる事を二、三質問してみました。

「今日はこのマンションは生ゴミを出す日なので、あんな所にいたら、警察に通報されるよ」と言うと「何回も補導された」と答えるのです。

「お家の人、心配していない？」

「ケンカすると出てくるし、要るものは取りに帰る」という返事です。

「今は必要ないことを勉強する時もあるけれど、いつかきっと自分に役立つから、しっかり学校へ行ってね。おばさんのように気の良い人ばかりでなくて、恐い男の人もいるから夜は外へ出ないのよ。それからこの本、童話も載っていて面白いからきっと読んでみて。その後お家の人にも読んでもらってね」と、『人間の使命』を渡し、階下の玄関まで出て、自転車で帰って行く少女二人を見送りました。

新聞配達にも、少女を保護したり真理を伝えたり出来る特典がついているのです。

科学の実験を興味深く指導して下さる〝でんじろう先生〟の「皆、輪になりましょう」

のあれは観ている者もドキッとします。

一人が発電していると思われる物体に触ると全員が感電してギャーッて大騒ぎするのです。これを知っても、人間は何かで、何処かでしっかり繋がっているのです。

電気の本質はいまだに解明されていないと聞いたことがありますが、大宇宙も大自然も私達と見えない気で繋がっているのです。だから皆が幸せでないと真の幸せを感じられないのです。

◢「体験記」主人の声にびっくり◣

私からご報告を申し上げるべきところ、早速お尋ねを頂き大変申し訳なく恐縮致しております。私ことお蔭をもちまして先生の教えに従い一週間を無事務めさせて頂きました。先生のお力添えに心から感謝とお礼を申し上げる次第です。

顧みますと、ご指導を頂きました翌朝のうがいから早速変化が出て参りました。これまでのうがいは、水が、のどの途中で止まり閉塞《へいそく》感のため、十分のどの奥まで浸透することがありませんでした。それが不思議にも、先生の事務所でアドバイスとパワーを受けてから突然、閉塞感が無くなり、何か急にフタが取れたように実に軽やかになったのです。

それまでは、のどの詰まりや息苦しさを感じておりましたが、何の抵抗もなく気持ち良くうがいが出来るようになりました。

それに合わせて、アドバイス頂きました通り、母音の発声練習と共に何の支障もなく今日を迎えさせて頂く事が出来ました。

只今では多少かすれが残っておりますが、ごく自然に無理なく会話が出来るまでに回復させて頂き心よりうれしく思い感謝致しております。私にとりましては、今回の症状回復に対しての御教示はもちろんの事ですが、それにも増して、私自身に対する大きな教えを頂きました。一週間前までは、毎日何不自由なく、のほほんと無事平穏、これすべて「当たり前」という生活を続けておりました。

真理を学びながら実践出来ていなかった恥ずかしい生活態度でした。急に声が出なくなったことで、自分自身に問いかけ反省する大切な機会と時間を与えられました。

今までの「当たり前の生活」がいかに感謝すべきかを改めて教えて頂きました。心底からの感謝を忘れておりました。

来る六月八日の真話会には改めまして、回復致しました美声で御挨拶を申し上げるのを、今から楽しみに致しております。

鈴木　達也

という御丁寧なお礼状を、治癒されて間もなく頂きました。

そして、真話会（真理を学ぶ講演会）当日には会場の入口まで出迎えて頂き、にこやかに、深々と頭を下げお元気な声で再びお礼を言って下さったのです。

その会の時に、このお手紙を体験実話の一つとして話させて頂きましたところ、聴衆の中に、やはり突然声が出なくなり、公立病院で、のどの手術を受け幾日か入院し良い結果を待たれていたにもかかわらず、依然として声の出ない御主人を案じつつ来ておられる大林さんがおられました。

講演会が終わったその日の問い合わせ一番目の電話は大林さんからでした。

電話で早急に会うのを希望され、三日後に出会う事となりました。

お目にかかっても、御主人の功さんは、おじぎだけの声のないご挨拶でした。

声が出なくなった経緯、手術の様子、術後の経過等を再度、大林功さんからお聞きしました。そして、要因を察知致しました。

発声を妨げていると思われる心の不安の部分からそれが取り除かれるような真理をお伝えし、その後パワーも送りました。

「力を抜いて、ゆっくり、ああ、と言ってみて下さい」

「ああ」

大林さん御夫妻は、驚いた様子で顔を見合わせられました。

しかし、それはまだ普通の声には程遠いものでした。予定接見時間も終わり帰られる時、私は、

「精一杯、やらせて頂きました。時間差で良い結果が出ることがありますから、様子を見て下さい」

と申し上げました。

それから暫くして大林さんからお手紙を頂きました。

「拝啓　先日は、私達夫婦のために時間をたくさんとって下さり誠に有難うございました。

主人と同時期に声が出なくなった方が、病院へも行かずに先生のパワーを受けられて

治った体験を、先生の講演で聴かせて頂きました。本人は手術をすれば良くなると思っていましたが、手術後なかなか声の出ない本人は焦っていました。手術前に先生の所にお伺いするチャンスはありましたのに、日頃の私の真理に対しての勉強不足から、主人にそこまで話の出来なかったことを本当に痛感いたしました。

どうしても先生の所に行って、主人にも会ってもらいたいと願って、その事を話しましたら『行ってもいい』と意志表示してくれました。先生も時間をとって下さり、絶対に主人も声が出るようになると信じて伺いました。

出して下さった水を飲み、パワーを当てて頂いて、発声すると、声が出た事に驚きましたが、その時はまだ普通の声ではありませんでした。でも先生のところから帰って夕飯の仕度を急いでいる時に、普通に『お母さん』と私を呼ぶ主人がいました。私はとっさに、何が起こったのか判りませんでした。

息の入った声でなく、普通の声が出たのです。心が変われば病も消えると信じておりましたが、こんなにすぐに変えさせて頂けるとは思っていなかったので、本当にびっくりいたしました。それも前日の夜に、真理のテープ五巻を聞いて先生の所に伺ったことも良かったと主人と話をして気付かせて頂きました。このことを姑も見てくれていたのです。

『一度、私を池田先生の真話会に連れて行って欲しい』

と声をかけてくれたのです。

私が以前、他の修行組織に入っていた時には、幹部の方から、

『ご両親もお誘いして来なさい』

と勧誘を強いられていたのですが、自分が早起きを続け修行する自信のない嫁でしたから姑を誘うなど出来ませんでした。

今回は姑の方から希望しましたので、『次のお話会には一緒に行きます。本当に有難うございました』

とお礼状を頂きました。

その直後の真話会には、姑嫁とお揃いでご参加頂き、にこにこ聴いておられたのが印象的でした。後日個人的にも大林さんのお姑さんと話させて頂く機会に恵まれました。

『私は、キリスト教を永い間信じ勉強して来ましたが、こんな身近で解り易い真理を伝えて頂ける人が存在されていたとは……』

と、喜んで下さいました。同行されたお嫁さんからは、「子供のこと、主人のことといろいろ助けて頂き、真理は確かなものと、今まで以上に感じることが出来ました。信じて

おりましたものの、どこかでまだ魔法のように思っていた所があったように思うのです。だから何でも池田先生に相談をすれば、池田先生が治して下さると思っていましたが、そうではなくて、自分自身で悪いものを寄せつけない生活をして行くことの信念がいるのだと思いました」

と追ってお手紙を頂き、確かな信念を持ち始められたと評価できました。

文中にある大切な言葉〝自分自身に悪いものを寄せつけない生活〟とは自分の良い意識を高めることです。

人間は偶然に生まれて来たとか、いつどんな不幸に遭遇するかもしれないあやふやな人生、とかの思想で生活すると、本来なら、しなくても済む病気や不運に見舞われる可能性も生じるのです。

◥「体験記」脳挫傷の洋介君◣

平成十六年六月十六日公民館で書道教室を開いていました。

ほとんどの学習が終わり、残すところ一時間という頃に、小学六年生の中井絵美ちゃんがやって来ました。

「先生、洋介は今日おけいこに来ない」

と呼び捨てにするのは絵美ちゃんと洋介君は従兄弟《いとこ》だからだそうです。

「何故、来ないの?」

「洋介な、昨日児童公園で小さい子と遊んでいて飛び出して、交通事故に遭って、救急車で運ばれたん」

「えっ洋介くんが……。それで怪我の様子はどうなの?」と驚いて聞き返す私に、

『頭を打っていて、意識がはっきりしていない』とおばちゃんが言うてはった」の答え。

それを耳にしてから私は帰宅するまで洋介君の容態が気がかりでした。

家に着くとすぐに、洋介君の家に電話をしました。

お母さんが出られて、

「ご心配をおかけして、すみません。洋介は外傷はほとんど無いのですが、頭を強く打っているとかで脳挫傷と言われ、手術出来るかどうか暫く様子を見るからと今は家に戻って安静にしています」

「私、信じて頂けないかもしれませんが、良くない所を治す不思議な力を持っているのですが、今、洋介君に送らせて頂きたいのです」

「池田先生の教室に入れて頂く時、『二週間だけお貸しします』と渡して頂いた本を読みましたから、知っています。どうぞ送ってやって下さい。歩けないので洋介のところに、この電話を持って行きます」

電話を受けた洋介君の声は、いつもと異なってトーンが低く、少しうつろな様子が伝わって来ます。

簡単に説明をして『いままで通り、健康で元気に歩いている』と十分間程イメージするようアドバイスをして、電話を切ってすぐにパワーを送りました。

それから十分が過ぎました。

『良くなってくれているとうれしいなあ』と願う一方で、新しく私の教室に入って来る生徒さんに、『お家に持って帰って読んでね』と二週間ずつ貸し出している『人間の使命』の本が、こんな形で役立つとは思いもよりませんでした。

もちろん、新しい人に、自分の書いたものをお薦めするのは、勇気が要りますが、知って頂ければ、必ずその人のお役に立つと信じて続けて来て良かったと思いました。

この本をそのまま売って下さいと言われる人もあります。

洋介君のその後を知りたくて、数日が長く感じられました。

次の二十三日の公民館でのおけいこ日に、例の絵美ちゃんがやって来ました。

「洋介な、先生がパワーとか送ってくれてその時すぐに治って、自転車で家まで遊びに来たん、今日の習字にも、もうすぐ来る」と報告してくれた通り、元気な洋介君を迎えた時、うれしくて、心の中で神様にお礼を述べました。

洋介君のお母さんからの年賀状です。


新年おめでとうございます。

本年も子供がお世話になりますが、ご指導よろしくお願い致します。

昨年六月に洋介が交通事故に遭った際には、先生のお力を頂きお蔭様で、後遺症も何もなく、大変元気に過ごさせて頂いております。本当に有難うございました。改めてお礼申し上げたいと思います。

春山洋介の母

バラの花の還暦

五十九歳になった時、日々、早朝起床、自宅周辺、地下道、ガード下等の奉仕作業、新聞配達、ＫＡＣスクールの仕事、主婦業をこなす生活の中で、快適に還暦を迎える心の準備をしようと考えました。

花の二十歳とはよく言われるけれど、二十代はそのままで花です。

自分なりに一生懸命生きて来た結果こその花があっても良いのではと思いました。

真理を学習してから病院に行ったのは、出産の為と歯の治療の為だけです。

そこで今の身体をチェックして頂くことにしました。レントゲンや男性の医師を避けて身体に非常に良いと言われている東洋医学の鍼を受けてみたいと思いました。

女性の鍼灸師、田中弘美先生との真縁が始まったのです。

「花の還暦を迎えたいのでお願いします」

「何処も悪くないのに施術をするのは、私の理想とするところです。病気にならないように身体をいたわるのは良いことです」

それを聞き心の中で「私の推奨している災害予防学と一緒だ」と緊張がほぐれました。白のショートパンツとキャミソールの私に、

「池田さんは、背中でお見合いをしてもまだいけますよ」

と初診で言われた言葉をいまだにしつこく覚えていますが、それはホメ言葉なのか「顔はもう諦めなさい」の意味なのか聞く勇気がないまま今に至っています。

一年後の誕生日の朝、田中先生は大きな箱に、色とりどりに咲いたバラの花だけを切り並べ、

「花の還暦、おめでとうございます。すぐ近くの知人のバラ園から調達して来ました。お風呂に入れて下さい」

と届けて下さいました。

その夜、入浴前のバスタブ一面に香りの良いバラを並べ、まず写真に収めました。お湯に入りながら、名実共に花の還暦を、健康で、良い友人・家族に恵まれて迎えられたことを、しみじみと心から感謝致しました。六十歳の誕生日、私の希望した花の還暦を迎えられ、忘れられないものになりました。

誕生日からちょうど二ヵ月たった時、四月二十一日に田中先生からＦＡＸが入っていました。

『人間の使命』、毎日読ませて頂き、ますます赤線が多くなりました。五回以上読むように言って下さった意味も納得しました。

あの日から花粉症は治りました。

明日、ヨーガに出席させて下さい（もう私の顔見て笑わないで下さい）。

短い文章の中のあの日とは、ヨーガに来られた一週間前のことです。

田中先生は以前から花粉症とのことで、その日もティッシュを使っておられました。それを見て私は、「そんな立派な身体の人があんな小さなスギ花粉に負けるなんて……」と、笑いました。

『人間の使命』を何回か読み、人間はバランス良く生活をすれば病気はしないと理解出来始めたところに、私が笑ったものですから、田中先生の心に、本当にそうだという思いが、ストーンと入ったのです。そしてその日以来花粉のシーズンになると出ていた症状が出なくなったのです。

電話で危機を知らされて

二〇〇四年六月二十九日夕方、鍼灸師の田中弘美先生からお電話がありました。

いつもと違い、声が浮いたような力の無い言葉で、

「私、おかしいんです。何を思い出しても、はっきりせず、記憶が……」

と説明されるのです。

私は、咄嗟に脳梗塞の疑いありと直感しました。相手に不安を与えないように穏やかに、

「しっかりお話できていますよ。おかしくなんかありません。どうなさったんですか？」

とお尋ねしながら、もう既に心の中からパワーを送っていました。

そのままゆっくり休まれることをお勧めし、

「引き続きパワーを送りますから大丈夫です」

と申し上げ、電話を切りました。

彼女の年齢は、六十歳を幾つか過ぎています。脳梗塞が進行すると手足の麻痺が始まり躁鬱《そううつ》病の繰り返し等があり、軽い場合でもリハビリに励みながら、順調に行っても二年以上の治療を必要とする場合が多いと知らされています。

ところが、彼女は心と身体の健康に気を配りながら、予約の患者さんもあったりで仕事は休むことなく続け、徐々に本来の体調を取り戻すことが出来ました。

その数ヵ月後には、友人とニュージーランドへ、バカンス旅行に出かけられるまで元気になられました。傍目には順調な回復に見えはしたものの、医学専門の彼女のこと、後日「自分の体験した事が、皆さんのお役に立つのでしたら……」と次のような文章を送ってきてくださいました。それを拝読した時、不安がピークに達していたのも窺え、素早い、適切な対応と相互の信頼関係が良い結果をもたらせたと心から彼女の回復を喜びました。

◢「体験記」脳梗塞から即座に解放◣

二〇〇四年六月二十九日の夕方、ある患者さんの訪問治療を終えた直後のことでした。あの日は梅雨時で、お部屋もかなり蒸し暑かったのを覚えています。

帰り支度をしながら雑談をしているときに目がチカチカしだしました。なんとなくイヤな予感がして、早々に失礼をし、自宅まで五分くらいの運転の間『完全健康真実相』を繰り返しておりました。

我が家に着きソファーに横になりました。気分は特に悪くないものの不安が高まります。しばらくすると、視野が半分くらい、ボヤーと見えなくなってきました。じっとしていれば治るだろうと思いながらも「電話をしようかな」と池田先生を思い浮かべました。頭の遠いところで「池田」と文字が出るのに「あの人は池田だったっけ？」

文字と顔が一致しないのです。

私の姉、甥や姪を思い出しても同じで、はっきりせず、それは、記憶がなくなるのではなく、何とも説明困難な症状でした。

二、三十分経ったでしょうか、頭が少しはっきりしてきました。手足に異常は感じません。池田先生に電話を入れました。

「私、おかしいんです」

「しっかりお話出来ていますよ。おかしくなんかありませんよ。どうなさったのですか」

　と、私とは反対に冷静沈着に優しく穏やかなお声。

　事情を、どのように説明できたか覚えていませんが、スムーズに言葉が出てこなかったように思います。

「治すパワーを送りますから、完全健康真実相をしっかりイメージして下さい。大丈夫ですよ」とのお言葉を頂きました。

　私は「治してもらえる」と思ったのです。

　パワーを送って頂いた後、症状は少しずつ普通に戻るものの、けだるい感じと、それ以上に、恐怖心はものすごいのです。

　翌日、

「不安なのです。お声が聞きたくて……」

　と涙声で先生に訴えました。

「もう大丈夫です。あなたの頭の中が詰まったら、私が通してあげます。切れたら接いであげます。ご安心なさい」

　と、優しく、この上ない、心丈夫なお言葉が返って来ました。

そして、これからの日常生活の過ごし方、体力、気力にも限度があることについて厳しく、ご指導頂いたのでした。

本当にその通りで、私はこの所、体調が良いことを過信し、身の程知らずの多忙な日々を過ごし、自分の心身の悲鳴にも、気づかなかった愚か者です。

その上、自分を棚上げして、相手に不満ばかり抱き、すべてにマイナス思考でした。お電話した時には、ただ心細くて不安で、先生のお声が聞きたくて、涙声だった私の涙は気づかせて頂いた自己反省の大粒の涙となり私の恐怖心を、少しずつ流してくれたようでした。正に「頂門の一針」を受けたようです。

その後、アドバイスに沿うよう努め、仕事も休まず、普通に生活出来るようになりました。多忙の日も終わってから、疲れたと思いながらも有難く幸せでした。

後日、先生は「病院に行こうとは思わなかったのですか」と冗談っぽく、笑顔で問われたのです。

私は、不思議にそういったことは、全然考えなかったことに気づきました。

若い頃に二十三年間歯科衛生士として、その後二十年間は東洋医学に従事し、脳神経外科の先生とも親しくさせて頂いている私が現代医学のＣＴもＭＲＩも必要と思えなかったことも事実です。

神様に造られた身体は、製造主の神様に治して頂こうと、頭の中が不安状態でありながらも、治して頂く所を選ぶのに迷いはなかったと考えられます。

池田先生はすごい方です！

後日、「○界の○○さんも、ご縁があれば治りましたのにね」と軽く言われたのです。

私はすかさず、「東京へは行かないで下さい」と言って笑われてしまいました。

池田先生は何者と思う人は沢山おられるでしょう。私もそう思っていました。

ふと、私流の解釈が出来ました。

先生は永い間、努力に努力を積み重ねられ、とうとう神様までが、

「池田さんかー。アンタの願いならしょうがないなー。叶えてあげよう！」

ということです。私は、そんな先生が大好きです。大きな子供です。出来が悪いです。これからも、いっぱい導いて下さい。お願いします。

田中　弘美

田中先生とは当市が推進する国際交流の会議で時々、顔を合わせることはあり、軽い挨拶をする程度で、個人的に言葉を交わすまで親しくはなかったのです。私が親善大使で、米国に行き、お世話になったホストファミリーのジャネット・リカードさんが日本に来た時、彼女のお世話をされたのが田中先生だったのです。御縁とは正に異なもの味なものです。

「有難う」と全ての人に物に事に感謝できる心は平和で安らかです。

その緩やかな調和する心が宇宙の癒しの波動と波調が合い、心身のバランス不良による体調の崩れが、元の体調に戻るのです。

神の創られた良い世界のみを見る平和な心と身体に、波調の合う治す力が浸透し、元の健康体が現れたのです。

◥「体験記」テープの声でモニター変わる◣

「今、先生とナースセンターであなたの心電図、血圧、脈拍数のモニターを見ながら、一向に変化なく高いので、薬を強いのに変えてみるように主治医の先生に連絡相談しようとしていたら、突然に血圧が正常に下がりびっくりして、一体どうしたのか見に来ました」

と言って看護師さんが急いだ様子で私を見に部屋に入って来ました。

私はというとお借りした『基礎真話』のテープのA面が終わりB面に入れ替えようとしている矢先のことでしたので、こちらも何事かとびっくりしてしまいました。

しかしすぐにこれを貸してくれた鍼灸治療院を開いている義姉の言葉を思い出しました。

胸が苦しくて救急車で緊急入院した私は、心筋梗塞の状態でした。そんな私に『これは健康になれ、運の良くなる本とテープだから』と言って、義姉が直後に見舞いに来て置いて行ったのです。

その本のタイトルは『人間の使命』、テープは『基礎真話・池田志柳』と銘打たれ五巻ありました。

「本は五回読み、テープも聴いてごらん」と話してくれていましたから、すぐにピンときたのです。

そんなことがあってから病院でも不思議がられるくらい早く快くなって、後遺症も残らず退院することが出来ました。

退院後、義姉に「神様に助けて頂いたと思っています。基礎真話の先生のお蔭です。先生にお礼がしたい」と申し伝えました。

義姉は『池田先生は、きっと私が治したのではない。真理が体調を元の健康に戻してくれたのだから、神様、大自然にお礼を言って下さい。お礼の気持ちはユニセフや日赤に送るようにと言われるに決まっている』と私にユニセフの振込用紙を渡しました。

私は「池田先生って、えらいお方やなぁ」と感心し、喜んでユニセフに送金しました。その時の領収書を同封して、お礼とさせて頂きます。

平成十六年十二月九日

田上　七奈江

薬局や病院等で出される薬品は、口から直接服用。効力の有無は消化・新陳代謝の時間を必要とします。よく似た症状であるにも拘わらず薬効を認められる場合もあれば、田上

さんの文面にあるように一向に効き目がなく変化がないどころか、薬害・副作用だけ現れることも多くあります。

真理は、宇宙の法則、正しい命の使い方を説かれたものですから、素直な気持ちで聴き入れると身体の中心・原動力の元になる心に効きます。基礎真話の音声は、耳から入る薬です。たとえベッドに臥《ふ》せった状態であっても自然に耳から入って来た真理は、体調を崩していた原因のところに働きかけて、本来の健康を表してくれるのです。

『人間の使命』という書き言葉の真理は、目からの薬で、これは読書という形でしっかり生命に作用し、生命力が活発になると修復作用が直ちに行われ、体調が安定に至ります。

しかし、真理を学習して体調が良くなったり手術を免れたり、事故の経過が驚く程軽く治ったり、問題が思いがけなく良い解決をして「ああ良かった、うれしい！」と喜ぶ人は大勢います。

が、悲しいかな、その後、間もなくして、同じ病気やよく似た問題が再発することの何と多いことでしょう。

真理に照らし合わせて『なるほど、こんな気持ちは身体に良くなかったんだ、こんな思いが相手の気持ちを害していたんだ』等と反省したり明るい気持ちや感謝の心になり、それが自然の治癒力や問題解決の波長を呼び起こしたことを「良かった！」と自己満足して終わってしまったのです。

問題や特に病気は、心を変化させ、生命力がよく働くようにすれば、直後に治りますが、再発しやすいのは真理に添って変化させた心を持続させないからです。

俗に、性格が良いとか悪いとか言われますが、性格というのは心の習慣性を言います。

十人が十人ともに好かれようなんて無理な窮屈な思いで生きるのは疲れます。

こちらさえ相手を嫌う心を持たなければ良いのです。

特に好かれなくても、通常、一般の方々に嫌な気持ちを与えないようにする心遣いだけは、社会人としての最低必要なマナーだと思います。

話は少しそれてしまいましたが、一時心を変えるのは案外出来ますが、それが性格になるまで継続するのは難しいということです。

同級生だった人、同じ職場で働いていた方などから二十年とか三十年振りに会ったり電話を受けたりして話すことがあります。

その人達の中には、ちょっと得意気に『○○会に入って、三十年も続けて人生修行を行っている』というふうに話しかけて来る人もいます。

暫くの間、聞き役になってみると何と性格は以前とあまり変わっていないことに気付きます。○○会の教えがその人の気持ちを変えるほどの教えでないのか、あるいは、その人が学習しているつもりだけの気休め的なものなのかのどちらかであると思います。

それくらい、心・性格を変えて持続させるのは容易ではないのです。

本物を学び、それが自分にも人々にも納得する答えが出たり、体験があれば継続するに値するのです。その結果、その人の信条も教えに添い雰囲気もそれに合うものになり、久し振りに会った相手から「どうしたら、あなたのような良い感じになれるの？」ときっと問われること請け合いです。

良い性格は日々の真理の実践によって育ち、身について行くのです。

良い性格作りの根本は、自分は大宇宙・大自然の中の一個の大切な細胞であり、生かされていると自覚することです。

次にその生命はこの世に使命をもって来たことを知って頂きたいのです。

私達に課せられた四つの使命をしっかりと理解し、楽しみながら果たすべく精一杯の努力が大事です。

私はどの著書にも人として忘れてはならない四つの使命を書いて参りました。

一人ひとりが生まれてきた意義・使命を知り、行い続ければ、各自が充実感を覚え、家庭はオアシスとなり、子供は心身ともに健全で、思いやりのある社会人に成長します。おのずと国が栄え、世界は豊かに、そして平和が実現していくことでしょう。

◤「体験記」池田先生は何者◢

夜になって、次男賢士が私の寝室に来て言うのです。

「お母さん、あの池田先生は何者？」って、私は半分笑って「どういう意味？」と聞いたら、

「だってね、俺正直そういうこと全然信じてなかったんだけど、ホンマに膝も腰も痛ないねん。いったい何やろ……」と言うのです。

私はこの賢士の言葉に改めて池田先生のすごさに驚いた次第です。

その日の昼、賢士は私と二人で池田先生とお会いしたのです。

賢士は小学三年生よりスポーツ少年団でサッカーを始めました。

強いチームで彼は、監督さんやコーチの期待も大きく、サッカー漬けの毎日でした。

五年生の夏休み頃から膝の痛みを言い出し病院に行くと、身体の成長段階によくある現象、膝の筋肉の使い過ぎ、剥離骨折《はくりこっせつ》等と言われ、レントゲンを撮り、湿布をもらって帰るの繰り返しでした。

中学になり、体育総連の試合で足をつらせて、痛みがひどくなり、階段も手すりがないと登るのがしんどくなったそうです。

彼の後ろ姿を見て、これはマズイと初めて思い、整形外科に連れて行きました。有名なスポーツ・ドクターで、診ただけで膝の様子が全て分かったのでしょう。

「一年は運動をしないで、リハビリに来て下さい」

と言われ、レントゲンも撮りませんでした。

池田先生に、他の用件でお便りする機会があり、

「お蔭様で家族は皆元気にさせて頂いてます。ただ次男だけが膝の痛みがありまして。ですが、自転車も乗れて日常生活には、不自由しておりませんので少し様子を見ます」

と書いて同封しました。

翌日、先生が心配をしてお電話を下さって賢士の今後の部活のアドバイスと、病院

にかかっても痛みが消えない膝を放っておくのは本人も非常に辛いに違いないと、双方都合の良い四日後に会って頂くことになりました。

池田先生は賢士に、

「そこをちょっと歩いてみて……」

と言われました。出かけて来る車の中で『腰も痛みが出て来てる』と言っていた通り、とても痛そうに歩いていました。

池田先生は、

「膝の痛みをかばうため、腰に負担をかけてますね……。そこに座ってね」

と椅子をすすめて下さり、次に、

「レントゲンも撮ってもらえなかったの？」

と尋ねられると、賢士は、

「一生治らないと言われた」

とドクターから言われた言葉を口惜しそうに答えました。

池田先生は、足腰が良くなるパワーの説明をして下さった後で、賢士にパワーを当てて下さいました。

どのくらいの時間が経ったのでしょうか。

「先と同じように歩いてみて」とおっしゃって、賢士は歩きました。

「どう？　痛い？　痛かったら正直に言ってね」

との先生の問いかけに、賢士は『えっ！』という顔をして、

「痛くありません。腰だけがまだ少しだけ痛いです」

と答え、その後もう一度パワーを当てて下さいました。

終わってもう一度歩いた時はニンマリ笑って「痛くないです」と本当にうれしそうな顔をして、先生には何とも言えない感謝の気持ちで、帰らせて頂きました。

そして、賢士は自宅から先生に痛みがすっかり消えたお礼の電話をかけました。

サッカー部を辞める時、期待されていただけに、惜しまれる意味での不調和が少し生じましたが、それも都合良くなり、今は他の部に歓迎され、元気に学校生活を送っています。

賢士にパワーを頂いた日から、私がすごく元気になって、長いこと折り合いがうまくいかない母や妹と、何年ぶりかで冬休みに再会することが出来るようになりました。本当にたくさんの幸せ、喜びを有難うございました。池田先生にお会い出来たことに感謝、また、先生に引き合わせてくれた友人に感謝の心でいっぱいです。このお返しはこれから真理を学び続け私の使命を果たすために努力していきたいと思います。

本庄　早百合

◢「体験記」膝関節病の再発◣

梅雨が明ける頃から左足膝が痛み出し、体重をかけるだけでも激痛が走り、曲げることも出来ず、早朝にもかかわらず先生にお電話をかけさせて頂きました。足の具合を説明した後、パワーを受けさせて頂きました。母が先生に相談させて頂いたらきっと治るからと言ったように、本当に痛みが和らぎ出勤することが出来ました。

その日は、私の住んでいる市街に先生がお仕事で来られるというので、仕事を定時に終え、先生のところに伺いました。

昨年の同じ頃に、同じ症状で病院に行きましたら、膝に膿《うみ》が溜まっていてそれを抜いて治療してもらうのに、通院しました。

その事を池田先生に告げ、「同じ痛みなので心配です」と申しました。

先生は、それを聞き終わった後パワーを当てて下さいました。それっきり痛みもなく、膿もたまらず元通りに歩けるようになりました。

アドバイス頂きましたように、膝に優しいヒールを履くようにします。有難うございました。

林　佐喜子

◥「体験記」脚力の回復◣

前文御免下さい。

一時は、このまま一人で買い物にも行けなくなるのかと思っていた母の容態が、歩けるようになり、歩き始めたらその距離が急に長くなりました。

見ず知らずの者が、先生の本を読んだだけで、厚かましくもパワーを送って欲しい等とお願いしました。こんなに突然良くなれたのは、先生がパワーを送って下さったからです。母は今年で六十四歳です。足の硬化で歩行困難が老化現象の一種と諦め、何もしなかったらこのまま歩けなかったと思います。

良い本に出会え、母はまた人生を取り戻せました。有難うございました。

御心配おかけ致しましたことをお詫びします。今後もよろしく御指導下さい。

十月九日
川村　春子

迷いを相手にしない

平成十六年三月二十三日、午前九時半頃、兵庫県JR芦屋駅に停車中の長浜発姫路行き新快速電車内のトイレ付近で「白い粉が撒かれた」「薬のような液体が撒かれた」と芦屋署に連絡が入り、署員が駆けつけたところ、男女らが乗っていた先頭車両の床に、ある乗客の嘔吐物《おうと》が残されていたのです。

八両編成、乗客約八百人の車内で男女四人が、のどの痛みを訴えるなどして病院に運ばれたというニュースが報道されました。

車内に何かを撒かれたと知ると人々は以前世の中を震撼《しんかん》とさせた、元オウム真理教の教祖、麻原被告の指示で地下鉄の車内に撒かれたサリンをすぐに連想して、自分が被害者になってしまうのです。

嘔吐物を見れば、確かに気分の良い物でなく、自分も連鎖的に吐きそうになることはあるかもしれません。嘔吐物を見ないで少し離れた所から見て、あの白いものは薬物と思い込みます。思い込むと身体は症状を創り出します。

無害の樹液が肌に付着しても、それを「うるし」と恐れると皮膚は赤く腫れ上がります。女性の生理不順も「妊娠」と思い込むと、現実にはあるはずのない「つわり」に苦しみ、想像妊娠で腹部も大きくなったりします。

有りもしない白い粉や嘔吐物でのどが痛んだり、無い細菌・病菌で症状が表れる人は、真理を学べば今後は現象に左右されなくなります。

また、相手の配慮、動作によっても発病することがあります。

その一例は、お見合い結婚をされたＫさん御夫妻のことです。嫁ぎ先が母親と一人息子さんで、子供さんも二人授かり、その子達が幼稚園に行く頃になって、少しずつ家庭に暗雲が立ち込めて来ていたのが一気にイナビカリが入ったように夫婦の離婚問題となりました。奥さんが私の所に相談に来られました。話される事情に耳を傾けておりました。そこへ御主人が迎えに来られたのです。言葉を交わす前に、奥さんは床に倒れて、唇の色も失い、硬直してしまわれたのです。幸いに大事に至らず、気が付かれましたが、お帰りは別々でした。奥さんの心に、御主人を受け入れる部分が全くなく、一緒にいるくらいなら死んだ方が良いという連想から創造された病気です。

更に他の例は、御主人が間もなく定年退職される奥さんの病気です。体調が良くなくて相談に行けないので、出向いて欲しいとの依頼が幾度もあり、お訪ねしました。「若い時は、あるスポーツのママさんチームのリーダーを続けていて、すこぶる元気だった」との説明に充分頷ける体格の良い方でした。いろいろお話をお聞きして相当時間も経過し、おいとますることを告げました。

「これ持って行って」と言って差し出されたのは〝有名ブランド〟の腕時計です。

「物やお金は頂きません」と申し上げると、

「他に三十個程あるんです。カバンなんか押し入れに入り切らない程あるんです」

と言われ更に勧められました。

御主人が退職して家におられるようになると、自分の思い通りの生活が出来なくなると、想像したのです。心にそれが創造され、すぐさま身体に症状を表すのです。いかに隠しても、今までの奔放な生活を咎《とが》められる。御主人の性格を知っているだけにもうこれは耐えられない、責められるのはたまらない、病気だったら見逃してくれそうと企て不健康を望むと精神が錯乱し、自分が苦しむことになるのです。本人は真剣病気に立ち向かっているのですが、これも、苦手な相手を牽制する手段の現象です。今の時代、脅されて結婚した人はいないはずです。この人と決めて夫婦となった以上は、双方がよく話し合いバランスの良い健康な家庭生活を生涯続けたいものです。

第六章　好転は管理

涙も汗もコントロール

宝塚を退団して今は女優として活躍している方の話の中に、自分の大好きな父親が、明日舞台の初日という時に亡くなられたというものがありました。

「舞台に出るのを仕事としている者は親の死に目に会えない」と聞かされていたのでそんなものだと判ってはいたが、まさか本当に自分がそうなるとは思っていなかったのです。

舞台の初日は特に大事だと知りながらも、いたたまれなくなって、意を決しタクシーで何時間もかかって帰宅して、仏間に寝かされている亡き父の顔を見た時、もう胸がはりさけそうになって大声で泣きそうになったのです。けれど自分は、すぐに務めなければならない舞台初日が待っているので瞼《まぶた》を腫らしてはいけないと思いグッと涙をこらえたのでした。二、三十分しか実家に留まれなかったのですが、必死に涙をこらえたので顔もむくまず、無事舞台を務められたので、父も喜んでくれたと思うし自分の気持ちも済んだと語っておられるのをテレビで拝見し、流石プロと思いました。

毎年二月三月にもなると、いろいろな学校で卒業式が行われます。日頃、強がりを言って来た人でも、学校での生活を振り返ったり、これからの進路に対しての不安もあったりして胸に去来する思いからほろりとしてしまいます。今は目に涙がにじんで来ることを「うるうる」と言うのだそうですね。中には、泣かないはずだったのに泣いてしまったと言い訳する人もいたりします。でもこの場合は「泣かないでおこう」という決意に甘さが有ったと言えます。ここで自分が泣けば、今後生活が成り立って行かないとか信用を失うとか、たくさんの人に迷惑がかかるなどが予測される場合は、やはり泣きません。舞台に備えて女優さんも泣きませんでした。

自分は涙もろい、泣きそうになったら、そうだあの楽しかった事、大笑いした時の事を思い出すことにしようと考えたりしてやり過ごそうと、固い決心が泣くことを許さないのです。

春先に、ある知人と一緒に出かける機会がありました。

「ほら、見て私の目尻に花粉が溜まっているでしょう」と言われたのでよく見たのですが、はっきり判りません。

花粉には気付けませんでしたが、その人の目を見ると黒い瞳もただれ、白い部分は説明されるように真っ赤です。続いて、

「クシャミは出る、鼻水は出る。私はひどい花粉症で、今までは杉花粉だけだったのに最近は桧の花粉にもかかるようになって……」

と、さかんにティッシュで涙も鼻水も拭われました。さらにその人は、

「テレビで天気予報をやるでしょ、あの後樹木から花粉が煙のように飛んでいる様子が映されて花粉情報が発表されるけれど、あの場面を見ただけでたちまち症状がひどくなるの」

と言われました。

私は、さもありなんと思いました。

味のはっきりしている梅干しを思い浮かべただけでも、口の中は酢っぱさに反応するように唾液で一杯になります。

体験して強烈な印象を、五感、すなわち、目、鼻、舌、肌、耳で受けた場合その時の思いが残っているのです。

恐ろしい病気等は知識として心に入れない方が、肉体が病気を表しません。ガンを研究している名医にもガン発症率が高いのも、この一因と言えないことはありません。

梅を酢っぱいと知っている人だけが、条件反射としてこの反応が起こるのです。

乳幼児に恐いお化けの絵や真似をして見せても、秋田県、男鹿半島地方で毎年正月十五日夜に行われる鬼面のなまはげを見せても、それが、無気味で自分に危害を加えるものだという恐怖感を教えられてない子等は、平気でいるのです。

雷にしても同様です。ピカッと稲妻が光り、その後バリバリゴロゴロドーンと凄まじい大きな音が轟き渡ると、大人でも落雷を受けまいとどこか身を潜めたくなりますが、これも「あれは、お空の大掃除なのよ。窓を開けてハタキをかけて、水を流したり拭いたりするらしいよ。時々バケツを引っくり返して、大きな音がして、大雨になって降って来ることもあるそうよ」と学校で雲や雨のことを教えられるまでは、我が家では、そういうことにしておきました。

その所為《せい》で、大人が家を空け、子供達だけでの留守番時も「今日は、雷が恐かった」とすごい夕立の後も、ベソをかいて訴えたことはありませんでした。

一人居の時は、何も恐いものを知らない方が、幸せです。

自分の心が、その事物をどう受けとめているかで、仕事、対人、運命までが変わります。

演技力のある俳優さんは、泣いた方が良いシーンでは、涙が湧いて来るといいます。

名優さんともなると、その人物に相応しい化粧が崩れないように、汗が出ないようにもコントロールするのです。

これらから言えるように、心は、涙を造ったり、汗を止めたりも出来るのです。母乳で育児中の母親は、子供の泣き声で乳腺が張って来ます。泣き声に体が反応するのです。

「あれは他人の子だ」と冷静に判断すると、乳腺も落ち着きます。涙も汗も鼻汁も母乳も血液の変化したものだそうです。

であれば、スギ花粉や桧花粉のような小さな飛粉に、地球に楽園を造る使命を与えられている私達が脅かされ、負けることなどないとしっかり心で念じ続けて下さい。

念じるというのは、今の心と書くように、

「花粉症は、私の弱い、あいまいな心が造り出していたことであって、真理を知った強い心は、今後決して花粉症状を作らない」と思い、涙も鼻もクシャミも名優になったつもりで止めて下さい。症状はすぐに止まりますがあやふやな気持ちだとすぐにぶり返しますから、自信が持てるまで念じ続けて下さい。

人は、意識・無意識のうちに気を付けていても病気をするものだと思っている間は、何でもない白い粉を見ても容易《たやす》く病気の症状をものの見事に表します。

一方「大自然・神の分身で使命ある者は、身を守護されることはあっても、病気にかかるはずがない。もし病気と思えることがあるとしたら自分の生活のどこかバランスが崩れた結果なのだから、バランスに気を付けて、健康維持に努め、日々楽しく使命を果たしていこう」と自覚出来ている人は、過労で体調を崩すような事があってもすぐに改善し一生、病知らずで通せます。

国民病といわれる花粉症の治療に近年、かかる費用が全国で年間二百億円以上というのです。

バブルの以前は豊かな日本、ドルに比べ円は強いと経済安定を自、他国ともに認められる程でした。が、今は、新生児から老人に至るまで数百万円の国の借金を背負っていて逃げられない状態です。借金国から豊かな国にする為の一歩にするべく、自分も病知らずの快適な生活を送る為にも、人は健康に造られている、の真理を信じ実践継続しましょう。

この真理を伝えることにより、自分で自分をコントロールして、二、三日で治る人や、一週間程かかって完治する人もあります。

中には永年に亘《わた》って「人間は病気をするものだ」との信条を堅持し続けている人は治り難いです。

『人間の使命』の本で自然治癒力が働かない場合を参照して下さい。

素直に受けとめられた人に自然治癒力を集めて送ると、瞬時に治ります。

大自然の見えない偉力に驚かされます。

私が本や講演を通して一生懸命、「人間は花粉に負けないように強く造られている」と真理をお伝えしても、テレビ等のマスメディアが「今年の花粉は、例年の三十倍もの量で、マスク、メガネ、うがい薬を忘れずに準備するように」と伝えます。詳しく丁寧な情報は、親切にも正しいことのようにも思えますが、病気を想像（創造）させる良くない大きな働きもしているのです。

林業は樹木の真下で伐採・運搬・測量他など花粉を市井《しせい》の人よりダントツ多く受けます。昔の方々は花粉症など無かったそうです。生業《なりわい》の強い覚悟（強い心）があったのです。恐怖を拡げないで、病気に負けない正しい強い心を持てる情報を人々に与えて欲しいものです。

血液で、もう一つ驚異に感じることがあります。それは妊婦とその胎児の血液が同じでない場合です。

母親の食べた物が、お腹の赤ちゃんに必要な栄養に変わり、骨格が出来、肉付けされ顔目鼻立ち、五体、五臓六腑が形成されて行きます。それはどの部分も神経と血管が通っています。母親の栄養をもろに受けているのですから、誕生した全ての子が母親の血液と一緒であっても良いはずです。が、直接、栄養をもらっていない父親の血液型になって成育し、新生する子があるのですから、生命の元である神様の偉力の不思議・偉大さに敬服してしまいます。

真の自由

人は、男女平等で、自由に生きて良いと教育されています。

だから、「好き勝手なことを言って、好きなことをしても良い」と思っている人が戦後教育を受けた世代に多くみられます。

本当にみんなが自由を主張し、我欲のままに振る舞ったら、社会秩序は乱れ、無法が、傲慢《ごうまん》がまかり通り、一部の人の思い通りの世界になってしまいます。

何の規制や制約、法律等もない広い砂漠のまん中、あるいは無人島にポツンと置き去りにされ「さあ、お好きにどうぞ」と言われたと仮定したら、皆さんはどうしますか。

一切の干渉、束縛から解放され、心身ともに自由が満喫できるかと言えば、それは確かに解放感はありますが、いろいろな面で不安がいっぱいだと思います。

人間の個人的、本能的な欲望は、条件が満たされても治まるものでなく、果てしなく広がるのです。

真の自由は、環境のいかんによって得られるものでもありません。

自然に産む、自然に生まれる環境も、自然に死に行く環境も、大自然の摂理によってでしかなされません。目に見えない大いなる力によって生命を与えられ、それを保持する為に、生を享《う》けてより死ぬまで朝と言わず夜と言わず一日中、本人が寝ている間も心臓・肺臓・内臓各器官を働かせ体温も常温三十六度前後に管理されているのです。

目に見えない大自然のコンセントから生命のプラグが抜かれたら、人は冷たい体、すなわち死体となってしまうのです。

自力で生きているという考えから、生かされているという思いに心底から変えられた時、他の人も、それによって生活の糧を得られている山川草木、大海原も大自然の大切な一部として調和、感謝出来るようになれるのです。

地球・真理・法律とか、あるいは一日、一年とかの枠があるから、それに寄りかかれるのです。西洋はイスラム・キリスト教が主流で、東洋は仏教です。

仏教にもいろいろな宗派があります。日蓮聖人は「南無妙法蓮華経と唱うる人は、煩悩・業・苦の三道が法身・般若・解脱の三徳と転じて、三観・三諦即一心に顕れ、その人の所住の処は常寂光土なり」と教示されています。

前の著書『人間の使命』では、仏教からの一部詳解で六つの布施の事を書きましたが、今回はこの南無妙法蓮華経について少し考えてみます。御教えの「法身、般若、解脱の三徳と転じて……常寂光土なり」の一連の文章を僧侶でない凡人に果たして理解出来得るでしょうか。なる程「その人の所住の処は常寂光土なり」とある部分は、その人の住んでいる所は、常に寂光のある環境になりますという表現がなされていると理解出来ます。

南無阿弥陀仏や南無妙法蓮華経の念仏があるのですから、大自然の力・真理を念ずる念・神、精神統一をするときの完全健康真実相等のことばは理に適っているのです。

店先で「このフルーツ・ケーキを下さい」と、自分で何を注文したかを自覚し、そしてそれがどんな物であるかを、明確に理解出来ている言葉を発した方が、自分も納得出来るのではないでしょうか。

そこで私達は、何を希望しているかを、はっきりと自分で確認し、判り易い言葉でしっかり口にし、望みが早く叶う学習をしているのです。

人、家族、地方によって異なる宗教や、その地域だけの特別な占い等ではなく全世界共通の正しい教義のみが大自然と波長が合い、希望が叶い身も心も救済します。この重要なことを知らないと迷います。宗教間の争いも絶えません。

私達の学習が大自然の波長と合う正しさを証明されこの本にも書き切れないほどの体験がしっかりと続出して来ています。

「人間の使命」は、大自然から授かった健康で良い人生に地球の何処の国に住んでいても出来る法則・真理です。

その法則を生活に応用した時、必ず答えは出るのです。たくさんの良い結果を出して下さい。

ショー・ザ・フレンド

二〇〇三年、米国のブッシュ大統領はイラクのフセイン大統領が大量殺人兵器等を隠し持っているとしての大義名分で戦争を仕掛けました。同盟国である日本は、早々に支持を表明しました。

この戦争で米国はショー・ザ・フラッグを要求して来ました。〝日本の国旗を見せるように〟と言ったのです。日の丸の旗を付けたイージス艦や自衛隊を派遣して欲しいと要請してきました。

イラク戦争の前に、やはり中東のアフガニスタンとの悲惨な湾岸戦争があったことも、まだ皆さんの記憶の中には生々しく残っていると思われます。その時、日本は同盟国の中では最多の資金を米国に送り支援したものでした。その時の戦争を大きく支援してくれた国々として米国から認められ報告されたのはイギリス・フランス等戦地に軍隊を派兵した国々だけで資金面での最高の支援国である日本の名前はなかったと言われます。

私の事務所はＪＲびわこ線守山駅から徒歩でも五分とかからない所にあります。

年末には、そこの住民百世帯程が一斉清掃を行います。不参加者には〇千円の過料があります。

これとて、皆が掃除を嫌って、全員がお金を支払ったとしたら、その行事は成り立ちません。違憲をして戦争に参加することはありませんが、その要求に応じて、サマワに救援活動と称して、自衛隊は戦地に赴きました。

結果を出すには表現や行動が必要なのです。良い知識を得れば健康になり、収入も順調に伸び、家庭が繁栄します。

その時は、恵まれない人々に寄付をするだけでなく、繁栄の因になる良い知識や真理を、自分の身体を使って、他の人に伝えて下さい。その真友を私にショー・ザ・フレンド！

その時初めて得た恩を感謝の形にして、お返し出来たことになるのです。

自分さえ良ければの人の辿る末路の哀れさはイヤという程、観ておられるはずです。

◥「体験記」腰痛が癒される◣

池田先生、昨日はお忙しいところお時間を頂き、本当に有難うございました。

お蔭様にて、すっかり腰の方良くなっておりました。朝はさっと起きられました。

昨日までの事が嘘のようです。本当にすごいパワーを頂き有難うございました。

十歳の長男は科学が好きで、私のことを見ていて「信じられないヨ」とびっくりしておりました。取りあえずＦＡＸでお礼まで。

小川　真美子

◥「体験記」激しい腹痛はどこへ◣

七月五日の夜、寝ていても激しい腹痛で苦しく、脂汗をかきながら横になったり上向きになったりしたことがうそのように、先生からパワーを頂いたその夜はぐっすり寝ることが出来ました。なんと有難いことかと涙が出ました。本当だったのかと……。

お医者さんにかかっても治らず、苦しくすっきりしなかったのに、電話でお願いをして数分で痛みがなくなり、一日中食事も摂れていなかったのに、不思議と急におなかが空いてきて、何かが食べたくて思わず残っていたソーメンを頂きました。

急に食べたにもかかわらず、その後、胃の調子も悪くならず、それっきり治ってしまいました。あのままだったら、激痛が続き、通院か、何かの病名をつけられて手術になっていたかもしれません。

何度か真話会に参加させて頂き、いろんな人の体験談をお聞きして、感動を覚えておりました。が、私も今回、池田先生に御指導を受け、あっという間に解決して頂きました。梅雨の時期ということもあり、体調には気を付けていたのですが、こんなことになり、先生には突然お忙しい時間帯に御無理を申し上げて申し訳ございませんでした。本当に有難うございました。

土田　洋子

◥「体験記」婦人病は秘かに治したい◣

先日は、電話やＦＡＸをしてすみませんでした。以前、先生に頂いたものをガーゼに浸し娘に使わせました。

あんなに、ゆううつそうな顔をしていた子が、次の朝以来、実に爽やかな顔をしているのです。今はもう何も言って来ません。

「人には言わないで。病院には行かない」という娘に、女性として恥ずかしい気持ちは理解出来ないこともありませんでしたが、とても心配致しました。本当に助かりました。有難うございました。

西山　夏美

◥「体験記」何が非常に危険だったの？◣

足が疼いて立てなかったし、靴下もはけなかった。池田先生に相談すると「一週間で治りますよ」と言って頂き、本当にキッチリ一週間で治して頂きました。その後、夜中トイレで意識を失い、病院での血液検査が医学的に非常に危険な状態という事で、再検査の前に池田先生に会ってパワーを頂きました。
温かい光が体内に入るのがわかり「体内にその菌は、存在しませんよ」と言って頂きました。安心して受けた検査は異常なしでした。お医者さんも何だったのかと不思議がっておりました。いつも助けて頂き有難うございました。

大谷　高子

◥「体験記」アトピーが薬も塗らずに◣

先日は、友子のアトピー部分にパワーを頂いて、有難うございました。
病院に行った帰りですが、診察時には『薬も塗らずに、これだけ治るのは、めずらしい』と言われました。メモ書きですみません。

五月三十日㈮

川畑　佳美

来院予約票、県立保健医療センターという用紙の裏に走り書きして送って頂いたものです。それから暫くして、

「ペン習字の添削よろしくお願いします。二十日頃から子供の肌が透き通ってつるつるになりました。

知らない人からも『きれいな肌やねー！』と言われました。つかまり立ちをして、元気にしています。本当に有難うございます。子供の肌にぶつぶつが出た時は、自分の心を見つめ直して様子を見てみます」――と。

報告を受け、佳美さんも親の精神状態が子供に影響を及ぼす真理がこれを通じて理解出来たのです。

第七章　好転は辛抱

目利き

平成十六年七月の新聞に、スイカの目利きが大活躍とあり、目利きたるスイカの検査員は、格付けするスイカを手で軽く叩くだけで中にあるすき間までもピタリと当てられるそうです。

この仕事を始めたのが約三十年前で、年間千個以上のスイカを検査しているうちに目利きの技を習得出来たと言います。

選果場では、生産者によって出荷されたスイカがベルトコンベアに流されて来ます。それを軽く指ではじくと、手に伝わる微妙な振動の感覚で、スイカの熟れ具合、中の空洞の有無や位置、その大きさまでが、百発百中間違いなく分かるほどの目利きだそうです。

大変な仕事も継続して努力していると、いつの間にかインスピレーションで分かるようになるのです。目利きや達人とは、なべてその道の仕事を精一杯努力、継続してきた人に与えられた称号です。

自分に負けない

「学校に行くのが嫌だから」と元横綱千代の富士、九重部屋の親方のところに入門を希望して来た不登校児がいました。

親方は「今、君がやるべきことは学校に行くことだ。やるべきことをやらない人間が、こんな大変な所でやれるわけがない。勉強が出来ても出来なくても、毎日休まず学校へ行きなさい。そして、きちんと卒業して来たらその時には、入門させてあげよう」と言って帰らせました。

翌日から、その中学三年生だった男子生徒は、一日も休まず学校に行くようになり、担任の先生が、親方のところに来て「一体、あの生徒にどのようなアドバイスをしてくれたのか」と聞かれたと――。

目標がはっきりすると頑張れるのですね。そして、その生徒は学校を卒業すると、九重部屋に入門を許されたのです。彼は来る日も来る日も真面目に稽古を続けました。

相撲の世界は努力と結果が必ず比例して表れるものばかりではありません。持って生まれた才能というものがあり、努力だけでは補えず、残念なことに、その青年は思うような結果が出なかったのです。

五年間必死で稽古した後、彼は部屋を去る決心をし、先輩に髪を切ってもらい、一門の皆に送り出されました。その時の彼は、自分なりに完全燃焼した思いがあったのでしょう、とても満足気な明るい表情をしていたというのです。その後、彼は料理の世界に道を変え、調理師の資格を取るに至りました。

今もときどき部屋を訪ねて来て、皆に美味しい料理を作ってくれるまでに腕を上げました。

不登校だった生徒が、相撲の世界で、どんな世界でも生きて行けるたくましい精神を身につけ、料理を作る後ろ姿を見て、親方のお喜びは如何ばかりかと想像してしまいます。

これは九重親方の「エッセイ」からの抜粋です。

目標がはっきりすると頑張れること自分に負けない生き方についての親方の言葉です。

「自分は今まで乗りたかった飛行機に乗せてもらえるだけの理由で相撲部屋に入り、その部屋には目の前に具体的な目標が掲げてありました。

序の口までは下駄、三段目に上がれば雪駄を履くことが出来、幕下になれば博多帯を締められるという順を追って努力の結果が形となって変えて行けることが良い刺激になって行きました。

その中にも、縦の社会で、しごきか苛めとも思える仕打ちがあって、理由もなく殴られることもたびたびありました。

悔しさをバネにして、土俵に上がれば、先輩、後輩を問わず、思い切りぶつかって行き件《くだん》の力士をやっつけた時の爽快感は格別でした。

番付けの上の方から食事や入浴等の待遇も良くなる目標がぶらさがっていたので、まずは、雪駄を履くことを最大の夢とし、横綱になるのは、あまりにも遠過ぎる位置で、夢にもなりえず、目の前の目標を一つひとつひたすら達成して行く生き方が、当時の歩いて来た道でした。

『自分は土俵の上で死ぬ』そう決めたからには、十両で終わろうが横綱になろうが関係なく自分の体と心が燃え尽きるまで取り続ける決心をし、絶対に後に引かない思いと努力実践が自分自身の幸福感にもなりました。

一時期、肩の脱臼に悩まされ、左肩を十回、右肩を三回脱臼し、その痛みの辛さだけでなく、稽古ができない苦しみ、また怪我との戦いが相当続きました。しかし、しっかりとした目標と強い決心の下、ただの一度も相撲を辞めようと思わなかったです。怪我をする事は自分に問題があると反省し、怪我に負けることは自分に負けることだと思い、自分に負けることは、絶対にできなかったのです。それは、オーバーに言えば、せっかくの人生に負けてしまうような気がしたからです。

時は移り、平成三年、夏場所初日、横綱在位十年。私は貴花田に敗れました。

気迫はまだ残っていましたが、体はもうボロボロで、完全燃焼しきっていました。

あと一回の優勝を残せば、大鵬親方の最多優勝の記録に並べると、周囲は期待していました。その時の一回の優勝ほど、自分にとって遠くに感じていたかは、自身にしか分からなかったと思います。

貴花田がまだ小学生だった頃の出会いで、『君は体が大きいなあ。将来はお相撲さんになるの？』と彼に話しかけた記憶があります。その子が立派に成長し、対戦力士として、同じ土俵に上がって来る。時の流れをしっかりと感じるとともに、この若者になら角界の後を任せられると、安堵感に満ちた、とても幸福な引退だったと思っています。

中学二年で東京に出てきて、怪我を乗り越え、横綱の地位まで登り詰め、数多くの優勝も成し遂げられました。そして現在は、親方としての部屋も持て、力士としては幸せな人生だと思います。

顧みて、私自身が最も誇れるのは、横綱になったことでも、三十一回の優勝でもなく、決して自分に負けずに、相撲という一つのことに完全燃焼したことです。

この誇りがある限り、私は今後も、いかなる人生に立ち向かう勇気を持つことができ、どんな状況の中からも、必ず、幸福への道をみつけられます。

結果を気にすることなく、今を必死に生きること、何よりも自分に負けない強さを持ち続けること、そこには、きっと幸せへの道しるべが立っていると――」わたしの幸福論で

述べられています。（参考資料『月刊ＰＨＰ』六七〇号）

行えば必ず良い結果が出ると知っていても続かないのは、自分に負けているのです。自分に負けない強さは、目標を変えず、自分に甘くならないことで育って行くのです。

金銭感覚を麻痺させたのは

いろいろな相談を受ける中で、特に多いのが、成人しても自立出来ない子供のことです。ある日の新聞の人生相談にもそんなことが載っていましたので、拾い上げてみました。

五十代の主婦です。娘が三人いますが、末の娘は身体があまり丈夫な方でなかったものですから、いつの間にか甘やかして育ててしまいました。

その子は高校卒業後、他県の専門学校に進み、一人で暮らし始めたのですが、お金の使い方が荒いというか下手で、なくなるとすぐ親に泣きついてきます。

一ヵ月の電話代が数万円を超え、再三注意をするのですが直りません。電話代もそうなら、仕送りは、新しい服や遊びにたちまち消えてしまうのです。専門学校もしばらくは通っていたようですが、「自分が考えていたのと違う」と今は行っていません。

学校は休学の手続きを取らせてもらいましたが、本人はもう復学する気はないようです。無理にでも連れて帰ろうかとも思いますが、素直に聞き入れるわけがなく、困っています。どうすればいいのでしょう。

との問いに解答者は『「個の尊重」などという社会風潮に、子の言いなりになる親が多く、それが出来るのは少子化にも一因がある。子どもは、何はともあれ厳しく躾けること。特に金銭は、この世の多くの欲望と直結しているから小さい頃よりその方面の手綱をしっかり締める。果てしない子どもの要求に対して、現実という壁を見せつけ、我慢することを教え、ひんぱんにしっかり拒否をする。甘やかす親は、子供を台無しにし、後に報復という形にさえなる』と述べられていました。

正に私も同感です。私自身、日頃から無駄なものは買わないをモットーとし、買う前に、今まで無くても生活してこられたのに、本当に必要かと家族にも自分にも問いかけます。これを買うと便利になって、その分の時間が他に生かせるものは前向きに考えます。しかし、その代価の減価償却はバランスが良いかどうかを更に考え、家の大切な空間の保持等も配慮してレンタルで済ませられるものには、お金を投じないようにしています。

教材を作るのにコピー機は必要ですが、今もせっせとコンビニへ通って拝借しています。この後に書かせて頂く、失明のハンディを持ちながら六歳という幼い時に旅の一座に出された瞽女《ごぜ》、サツマイモが遠足のお弁当だったりの生活から考えると、この新聞の相談は、同じ日本の、若者の生き方とは思えない程です。ない袖は振れないと言いますが、お金を使わないで教育する時には、心を教える教育が出来るものです。

今度は虫に生まれても

たくさんのハンディを背負いながらも百歳を越えての御存命に、背筋が引き伸ばされる程の衝撃を覚えましたのが盲目の旅芸人、最後の瞽女《ごぜ》、小林ハルさんです。

生後間もなくして白内障になり失明、不幸は続き幼くして実父も失ってしまいます。

母親は、生きて行く為に見えない子に裁縫を教えます。物の無い時代の頃のこととて、少ししかない着物をほどき、針に糸を通すことを教え、和裁が出来るように厳しく教えます。

六歳の時、瞽女の親方に弟子入りするように仕向けられ、二十年の年季奉公が始まります。

別れ際、母親と祖父から『人様の世話になる身故、美味しいものは、他の人が食べてからにする、親方には、絶対逆らうことのないように』と言い渡されます。

修業中、実家近くに旅回りをする時があり、母親に再会するも、母親は哀しくも死の床にあったのです。

旅回りの瞽女一座の毎夜の宿を探す役を、成長の充分でない彼女に与えられても、子供扱いされ、粗末な扱いを受けます。

芸が良くなかったと食事を摂らせてもらえない日もありました。

二十歳を過ぎる頃には、芸にも磨きがかかり、人気も出てきました。

これを妬《ねた》んだ姉弟子達から棒で突かれるなどの虐待を受けてしまいます。

その暴行は、女性としてのハンディまで負い、当時そのことを口には出来なかったものの子宝に恵まれない身体となってしまいます。

二十六歳になると年季もようやく明け、自宅を構え、若手の指導に目を向けようと、弟子を取ります。

弟子になりたいと希望されると、どんな人をも拒まず、頼まれた全員を弟子にしてあげる人の良さを利用され、騙されたりの苦労も後を断ちませんでした。

やがて自分の昔の境遇を思い出させるような、二歳で身寄りを亡くした娘を養女にします。

大切に養育したその子が四歳で風邪から肺炎にかかり、必死で看病しますがその甲斐もなく亡くなってしまいます。

このことにより、厳しかった母親の本当の愛の深さ、辛さ、悲しさを理解出来るようになります。

そんなことがあっても、再び弟子の中から養女を迎え、孫のいる家族になっていきますが、目の見えないハルさんの財産等をその養女の家族に横取りされてしまいます。

七十歳を過ぎ、瞽女を辞めようとしていた頃、テレビ局より、伝統瞽女とその数奇な生き方が注目され、取材を受ける運びとなりました。

五百曲以上を暗唱し、一時間を越す長いものも見事に立派にこなします。

大学の伝統文化専門の教授も驚嘆して研究を始めたりしました。

周囲の動きも功を奏し、後に小林ハルさんは人間国宝の認定を受けられました。

何か御希望はありますかの問いに、

「今度、生まれてくる時は、虫でもいいから明るい目がほしい」と語られたそうです。

前回出版の『人間の使命』の中にも、花火が爆発して片腕を失くされた岡田氏も、講演中、もし腕が再び生えて来たら「うれしくて今ここから踊りながら帰る」と言われたことを記載しました。身体のどの部分も、異常なく機能することが日常生活の中で当たり前と思っていないでしょうか。

何らかの理由で、どこか一部がダメになったとしたら、今の通常生活に耐えられるでしょうか。

特別に良いことを望まなくても、今、持てるものだけでも、良いものいっぱいあるじゃないですか。一日の初めに身体が健康に働いてくれることをお願いし、無事に働き終えた後は、心を込めて、丁寧に感謝しましょう。

続けて行じると人間国宝の称号は頂けなくてもその道の目利きになれるのです。

去る命、来る命のお世話

ふと観たテレビで討論会をやっていました。少子化対策の女性大臣を囲んでのものだったようですが、途中からだったのでテーマは分かりませんでした。その内容は、育児、家事は誰が行うのが良いかについて、ある男性が、

「生物学的に言って脳の仕組みからも、男性より女性の方が向いている」に対し、ある女性は、

「そんな考えで、育児や家事を全部女性に、外での女性の仕事は男性に分けられない。私は子供を産んでいないですが、育児に適していないお母さんだっているのです」と反論しました。

すると男性側から、

「そんな時は、ベビーシッター等に依頼したら良い。なる程、費用は高くなる。だから、それが可能になるような社会を作っていく」の意見が出されました。

育児に向き、不向きがあると言った女性に見覚えがありました。

最近、介護の要った父親を失くされたことで介護についてのトーク番組に答えていた人でした。

その時も彼女は「親の介護といえどもそれに適した人と、適していない人がいる。私は仕事も休めない状況だったし、休みたくなかった。何故なら今この仕事を中断したら、父が亡くなった後、果たして再び同じような条件で仕事に就けるか等の考えもあり、ほとんど兄嫁にやってもらった。兄嫁は、私より上手だった」という意味の内容だったと思います。

「あなたは、ただ一人の女の子ということで、お父さんはずいぶん可愛がられたそうですね」を耳にした時、私はやるせなかったです。

適していないからやらない。イヤな事はやらない。お金のかかる事は、社会に訴え面倒を見てもらえるようにする等、今より良くなる為の改革はもちろん大切ですが、他人に出来ることが自分には上手く出来ない時、練習や努力が足りないのではないかと自分を見つめ直す必要があります。子育ては、好き嫌い上手下手でなく先ず愛と責任です。

昔は物が無くても、子は宝だからと親達は食べなくても子供に与え、偉い人を見習え、恥ずかしいことをするな、と教育してきました。

大切な親が体調を崩して、そんなに長く生きられないかもしれない時「今まで受けた恩を少しでも返そう、何を捨てても悔いの残らないよう出来る限りのことをさせて頂こう」という気持ちで、親と向き合って欲しいのです。あなたに一番良くしてくれた人にさえ下手だの適していないなど言っている場合ではないのです。子育ては、大自然の生命を育てるお手伝いをさせて頂く最高の仕事です。

生命の尊さ以上のものがあるでしょうか。苦境に立たされた時、努力とともに魂が向上します。人としての器が大きくなっていきます。今度同じような問題が生じても、経験と実力でスイスイと解決します。

社会から隠れた所でも、真理に適う筋の通った努力は必ず認められます。たとえ、その時大好きな仕事を捨てたとしてもそれ以上の結構な仕事があなたを必要としてくれます。

天知る地知る人ぞ知る。どこかで誰かにしっかり見られているのです。

私も姑の看病の為、条件の良い職場を去りました。悔いが残らない生き方は心が軽いです。

◤「体験記」叩いてくれてありがとう◣

五年前、一人目に授かったのが女の子だったので、今度は出来れば男の子が欲しいなあと思っていたら三四〇〇グラムもある可愛い大きな男の子を授かり、主人も家族も皆、とても喜んでくれて私も大変幸せでした。

産後五日目、「心雑音があるので、一ヵ月後詳しい検査をします」と小児科の先生に言われました。

一ヵ月後の検査結果、心臓の部屋と部屋を分ける壁に穴が開いていると言われました。

少し様子を見ることになりました。

主人は生命の危険性を聞かされ、待ちに待っていた男の子だけに、その日、家に着くなり自暴自棄になり、畳の上に大の字にふて腐れたように寝たと後で聞かされました。

私もショックでした。でもその時の事はあまり覚えていません。その後、更に大変な事があり過ぎたからです。

暫くすると、子どもの顔と体にとてもひどい湿疹が出て来ました。

病院でもらった薬を塗っても、良くなるどころか、三ヵ月頃には、アトピーと診断されました。顔、頭は言うに及ばず、体中までも広がり、幼過ぎて掻くことも出来ず手足をバタバタして毎日よく泣き、寝てくれませんでした。

西洋、東洋どちらの治療法を選べば良いのか迷いながらある病院へ行くと、病院の方でも迷っていて、

「顔や体を左右に分けて、薬を塗り試して下さい。お風呂は朝夕二回入れてかぶれた部分をふやけさせ、ピンセットで除去し、その後にしっかり塗って下さい」

と言われました。

言われた通りにしましたが、これで良くなるのだと信じなければ、そんな惨い事はとても可哀想で、出来るものでありません。

しかし鬼のような心になって続けたものの、何も良くなりません。

また、それが十二月、一月という寒い時期に、何度もお風呂に入れるので、風邪を引き心臓の事もあるので入院になりました。

病院では熱が三十八度までなら一日三回お風呂に入れられ、皮膚を清潔にし、全身に薬が塗られます。それは本当にひどいアトピーでした。大人でないと使わない一番

強いステロイドを塗っても効きません。

後日、お医者さんもあまり例を見ない重症のアトピーだと聞かされました。

治療をして頂きながら私は震えていました。「お母さん、これからが大変ですねぇ」

と言われ、もう真っ暗でした。

その入院中に、もう一度心臓の検査をして頂きました。

検査の結果を夜遅く主人と二人で聞きました。医師は、

「お子さんの心臓は穴が開いている他に、弁が悪く血が通り難くなっています。良くなる事はありません。薬を飲み続ける必要があります。人工弁に換えるしか、助かる方法はありません。運動は全く出来ません」

と言われました。

私は血の気がサーッと引いてへなへなと力が抜けてしまいました。私達夫婦はもうどん底でした。翌日、一旦退院になりました。

その夜、伯母に紹介して頂いた池田先生に出会える約束をして頂けたのが一縷《いちる》の望みでした。

早速会いに行くと、先生は私達の話を聞き、真理も一時間程お話をして下さいまし

た。

　そして「努力次第で治ります」と言われました。「治ります」という先生のお言葉に『頑張ってみよう』という気持ちが湧いて来ました。『先生の言われるようにしよう。そうすれば子供は助かる』と自分に言い聞かせました。

　親はいつも明るく、感謝して、人のお役に立つ生活を心がけるようアドバイスを受け、日々家族で道端の空き缶拾いにも励みました。

　全身重症のアトピーの我が子にも「可哀想に痛かったでしょう、辛いでしょうねぇ」とパワーを送って下さいました。

『ああこれなんだ、池田先生に治して頂こう』と決心して、先生の元に通うことにしました。しかし、家から一時間余りの運転は大変でした。その頃になると子供も掻くことを覚え、掻けば顔面血だらけになります。

　掻かさないよう、片手はハンドル、もう一方の手は、子供の手を抑え、また冷やしたガーゼを顔に置いてやるという無茶な運転をしていて、事故を起こさなかったのは、守られていたからだと思います。

　日々の生活に疲れて思うように動けないと「神様タスケテ」とワンワン泣いたこと

もあります。

『ゆりかごの歌』の歌詞に子供の名前を入れ、きっと良くなる、ゼッタイ良くなると信じて歌うと不思議に私のイライラも治まり、子供も抱っこしたまま寝てくれました。今、三番目に生まれた妹に、長男自身が歌ってもらったその歌を唄ってやることがあります。

その歌声を聞くと、あの頃が思い出されて胸が詰まります。

一歳の後半、みるみる肌がきれいになって来ました。が、卵・牛乳・小麦粉・肉を食べるとじんましんが出ました。

三歳になった春、心臓のことでもう一度病院を変えて診察を受けました。すると「穴は確かに開いているけれど、弁の方はそれ程悪くなく、人工弁は入れなくても良い」と言われ、自然治癒が行われていたのです。

続けて「穴を塞ぐ手術はした方が良い、それをすれば、普通に運動も出来ます」と手術を受けるよう勧められました。

主人も私もきょとんとしてしまいました。容態が良くなっていたのです。

帰りの車中で「お父さん、すごいで！　すごいで」と大喜びをし、主人は「野球を教えてやろう。野球をさせてやろう」と喜びました。

夏休みを待って手術を受けました。

心強いのは池田先生が「常に待機しています」と言って下さったことです。

手術は朝九時に始まり、午後三時までの長時間に及ぶものでした。

執刀医は日本でも、一、二番の名医と知り、真理を学ぶと宇宙・大自然の恩恵を受けられるということが確信出来ました。

壁に開いていた穴は、とても大きく一歳くらいで処置しないと危険だったこと、にもかかわらず、よくここまで成長したと驚かれたことなどを考え合わせても、大きな力に守られての日々だったと感謝しました。

手術は成功したけれど、

「穴が大きな神経のきわどい場所にあった為、穴を塞いで神経が圧迫されたのか、心臓が上手く動かないので一～二週間様子を見て、駄目だったら一ヵ月後ペースメーカーを入れる手術をもう一度します」

と言われ、大ショックでした。

池田先生に報告の電話を入れると、いつものように力強く、

「神経はつながります。明るく良いことばかり考えて一緒に頑張りましょう」

と答えて下さいました。

次の日には、ICUにいる子供を見舞ってパワーを送って下さいました。

「池田先生が、つながると言ってくれてはる。ぜったい大丈夫や、頑張ろう」

と主人と二人で話し合いました。

一ヵ月間の入院中、毎日子供の様子を電話報告しました。忙しい先生なのに、何時でも電話に出て、いつもとびきりの明るい声でアドバイスをして下さり、病院では心配なことも耳に入り落ち込むこともありましたが、支えられ看病出来ました。

術後の子供は、体中に機械の線やたくさんの管を付けられていても、病院の先生始め皆さんが驚かれるような、泣かないで明るくて困らせない良い子でした。

三週間経っても神経は戻って来てくれませんでした。主治医も、

「もう神経は戻らないと思います。ペースメーカーを入れる時期は考えます」

と言われ、心配の残る退院を入院から一ヵ月後にしました。

池田先生に報告すると、

「朝、晩、感謝し念じながら、ゆっくり深呼吸を親子でして下さい」

と言われました。

こんな簡単なことで治るのかと思いましたがどうでしょう。退院一週間後の検査で、神経がつながって来たのです。すごいです。うれしくてうれしくてその時のうれしさは言葉で表せません。

池田先生の言葉を素直に実行すれば、どんなことでも叶うのです。

この報告には、先生も非常に喜んで下さいました。

術後、三ヵ月足らずの十月五日、園の運動会は、全種目皆と一緒に参加出来、夢かと思う程、うれしい楽しいものになりました。

その後の検診では、「心臓の働きもしっかり良く、薬も不要です。中学、高校での体育、クラブ活動も心配ない」と言って頂きました。

類を見ない程の重症アトピーと、常に命の危険にさらされ続けた心臓障害を克服し、病院との縁が切れるまで、私も疲れや病気で倒れることなく、元気に動かせて頂けたことにも感謝しております。

町田　英美子

彼女は電話での報告の他に、良くなった変化が見られると、すぐに連絡で感謝を表現してくれました。次は短文ですが、アトピー等で困っておられる人の勇気になればと思い、掲載致します。

今日はうれしくてＦＡＸさせてもらいました。長男が、保育所の給食のパンを食べられるようになりました。今まで園で出されるパンにはバターなどが入っているので食べるとじんましんが出たので、家で焼いたパンを持って行っていました。それが先週から皆と同じパンが食べられるようになったのです。全くじんましんも出なくなりました。助かります。

それと、アトピー治療に使っていたステロイドの副作用が出て、頭の毛が二ヵ所、薄くなっていましたが、一ヵ所は、ほとんど分からなくなり、もう一ヵ所も、皮膚の色が赤かったのですが、普通色になり、毛も生えてきました。

この報告から間もなくその子はほとんど何でも食べられ、髪は生え揃い、順調な発育で目出度く小学校に入学、時の経つのは早いもので間もなく三年生になろうかという時、

「一年生から一度も学校を休んでいません」のお手紙を頂きました。

彼女がこの喜びの結果を出すことが出来たのは、並大抵の努力ではなかったと思います。

「良くないところを嘆いている心や時間があったら、良いところに感謝して下さい。感謝は全てを癒すと言いますから、とにかく感謝の生活をして下さい」

と彼女にアドバイスしました。

子供の病気を治すのに、その子に手を貸さないで親にアドバイスをするというのは、変だと思われますが、親と子は、樹木の幹と枝の関係で、幹を通った栄養・肥料は必ず枝・小枝に行くのです。

まだ、言葉の発せられない返事の出来ない乳幼児を親とは別の部屋にして、親が子供の名前を無言で心の中で呼びます。

すると子供は、声なき声に反応して、仕掛けた脳波を記録するモニターに表れるという報告がその関係の本に載っていました。

そのように、親の心が、大自然の治癒力を受けられるような波長、すなわち天を神と思えるような素直な感謝に満たされると、その力が子供に移行し、その子の本来の完全な健康体が表れるのです。

彼女は、我が子を一刻も早く良くしたい思いで、最初は形だけのものであったかも判りませんが、とにかく「有難うございます。有難うございます」といつでも、どこでも有難いことを探し、感謝の生活を続けました。

ある日、彼女の子供が近くの同じくらいの年齢の男の子と遊ぶ機会がありました。男の子同士ということで活発な、激しい遊びになりやがて元気な男の子が、彼女の子供をぶったのです。ぶたれた子は叩いた男の子に「叩いてくれてありがとう」と言ったと書かれた彼女からの手紙を読んだ時、私は涙が止まりませんでした。

彼女がいかに、感謝の生活を心がけていたか、わかるじゃありませんか。何があっても、「有難う」と言う生活を徹底し守り続けていたかを、この子の言葉が物語っています。続いて、その子のおばあちゃんから頂いたお手紙を紹介します。

この間十月五日の土曜日、お天気の良い真夏を思わせるような暑い日に保育園の運動会がありました。すご一く暑い日で心配しながら見ておりましたが、孫は皆と一緒に走り、皆と一緒に踊り、私は涙でしっかり見ることが出来ぬシーンもありました。

一ヵ月と少し前、入院・手術と大きな辛い日々がうそのように、友達と一緒に運動会に臨めたことは何とうれしかったことか。だるまさんを被って母（娘）の手に引かれ走っている。二人にいつまでもいつまでも、拍手をしました。「祖父母と一緒に大きな玉ころがし」というのがあり、私も出ることになりました。元気になった孫と一緒に玉ころがしをして走った運動会はいつまでも忘れることのない私の宝物となりそうです。

その運動会を終えての感慨を、母親である町田英美子さんは、文章で次のように表して下さいました。

先日、子供達が通う、小学校の運動会がありました。長男知基が生まれてから、この日を目標に頑張って来ました。

池田先生が「お祈りの時は、なりたい姿を強く思いなさい」と言って下さってから知基がアトピーでひどい心臓疾患がある赤ちゃんの時から――知基が走り、長女が応援し、幼児の次女が主人と私の周りで遊び（次女が生まれてからです）、家族のみんなが手をたたいて笑っている――この姿を思い浮かべ祈っていました。

この日が必ず来ると信じ、毎日祈りました。お祈りの最中は、知基の走っている姿を頭の中で思い、いつもうれしくなってお祈りの最後には「有難う」と涙を流していました。

その姿が、そのまま現実となりました。

最高の気分で、大きな声で応援してやりました。

もう、本当に本当にうれしくて人の為になることをいっぱいさせて頂こうと強く思いました。この気持ちを忘れず、全てに感謝しながら次の目標に向かって頑張っていきます。

先生の言われたことは絶対です。本当に、感謝させてもらっています。有難うございます。

主人も相変わらず忙しいようですが、体調は良さそうで、先生とお話しさせてもらってから明るくなったように思います。有難い事です。秋冷、日増しに加わります。時節柄なにとぞ、ご自愛下さい。

町田　英美子

難問に打ち勝った人の体験には、教えられることがたくさんあります。

二十代でのこの努力は、果たして私にも出来ただろうかと思う時、これしかないと決めて努力継続された姿に頭が下がります。

ずいぶん良くなりましたと何回かお写真を送って来て下さいました。

が、それは過去の最悪と思える程の重症だった知基君を看続けて来た親だから、少しの回復がうれしかったのでしょうが、健康な肌とはいずれも程遠いものでした。

少し良くなったことを喜び、感謝する心を繰り返して来た行為が自然の治癒力と波調が合い遂に完治に及んだのです。

知基君が一年生に入学する寸前に行った講演会を終えた時、お母さんが、身体の内外ともにピカピカになった彼と、その姉妹二人、そして私と四人一緒に撮って下さった写真、これこそどんな健康なお子様にも勝るとも劣らない、ありのままに写っていました。

この写真は私にとりましても、大切な大切な一枚としていつも目の届く所に飾ってあります。

今度は親守唄を歌って

成功者の伝記等には、我が身を考えるより先に、「家族を養っている大変な親の手助けをしたり、仕送りをした」とあります。

真理にも、神や人や物に感謝しても、父母に感謝していない者は、良き結果を得る為の宇宙の法則に合わないと示されています。

両親は、生命の起源・創造主から連綿として続いている最新のそして一番身近に存在する、神に近い先祖です。自分の根本であるものに栄養・孝を尽くせば、自ずとそれは栄え成長するというものです。

自分が繁栄したい目的でなく純粋に、親不孝を反省し、親を思いやれるようになった作文がありましたので一部引用させて頂きます。

この作文は、何年か前、NHK全国作文コンクールで最優秀作に入選されたものです。

タイトルは『心の中のふるさと――天草島』作者は荒木忠夫さんとありました。

手元にあった原稿は少し長く、紙面の都合で、内容は変えないように大切にしつつ短くまとめさせて頂きました。

つい先日、職場で定期検診が行われた。歯科医は私の歯を診て「三十八歳で虫歯が一本もないなんて、たいしたものだ」とほめてくれたのである。

その医者は私に「生まれ育ったところはどこですか」と聞きました。

「九州、熊本県の天草島です」と答えた。

すると医者は「やっぱり島育ちの方ですか」と二、三度うなずいていた。

その夜、眠りに入る前に私は、歯が丈夫にならざるを得なかった少年時代の頃を思い出していた。

その頃、天草島はほとんどの家が貧しかった。米のごはんを食べられるのは、盆と正月と村祭りの時だけで、あとはいつもサツマイモか麦。お菓子やアメなんか食べたことがなかった。

しかし鰯だけは充分あった。畑の肥料にもするほどあった。

私達は、空腹を覚えるといつも鰯をまるごと食べることで満たしていた。

そんな食生活だったので島の人はみんな歯が丈夫だったように思う。

私の家は零細農業で八人兄弟。姉や兄は、中学卒業と同時に、口減らしの為に島を出て行った。私が中学へ行くころになっても依然として我が家は貧しかった。

私が中学一年の春の遠足の時のこと、この思い出だけは一生忘れないだろう。

遠足の楽しみは何といっても弁当だった。この時だけは、どこの家でも弁当だけは、精一杯のごちそうにした。

私の家でも米のごはんのおにぎりとタマゴ焼きをその時々には、母が持たせてくれた。その弁当を友達と集まって騒ぎながら食べるのがとても楽しかった。

遠足の前の晩は、うれしくて、よく眠れない。今度もワクワクしてそうだった。

待ちに待った遠足の朝、母は、すまなさそうな悲しそうな顔をして私に弁当を手渡した。「今日の弁当はサツマイモだけだ」と言った。やっと聞き取れるほどの小さな声で「かんべんして」と言っていたようだ。

母は涙ぐみながら私の手をしっかり握って離さない。母の手はブルブルとふるえている。

私は大声で母をののしり、母の手をありったけの力で振りはらった。その反動で母は、よろけた。でも私は母にかまわず泣きながら走った。しばらく走ったところで後を振り返ってみた。母は地面に泣き伏していた。

遠足の弁当時間、私は一人天神山の山頂の藪の中にいた。クラスのみんなが私を探しているらしい声を遠くに聞き、私はなおも、藪に隠れていた。空腹に負けて私は泣きながらサツマイモをかじった。自分の涙でサツマイモの甘味もなくびしょぬれになっているのもなさけなかった。

家に帰ると、母がどんなに辛い思いをしているかなど考えも及ばず、私は母をののしり続け責めた。そんなみじめな哀しい思いをいくつか体験しながら私は中学三年生になった。

高校進学を間近に控え、真剣に考える頃、私は島の高校でなく、熊本市内の高校を希望し、担任の先生も勧めてくれた。

十二月のある日、両親は私をいろり端に坐らせると「熊本の高校はあきらめてくれ」と口を切った。「おまえを熊本に下宿させるだけの費用がない。島の高校にならなんとかなる。地元の高校でがまんしてくれ」と私を諭した。

私は父と母をこれ以上出ない程の大声で罵倒した。それ以来、私は家族の誰とも全く口をきかなくなった。熱を入れていた受験勉強もほっぽりだし、自暴自棄になった。

重苦しい暗い毎日が続いた。そして年が変わって元旦になった。

既に社会人として働いている兄と姉が正月という事で島に帰って来た。

毎年、家族全員で行っている初詣でにも、私は元旦からふとんをかぶって寝ていて、参加しなかった。

目を覚ますと、まくらもとに、十枚たらずの年賀状が置いてあった。

大した感情もないままに私は一枚ずつめくっていた。みなクラスの友人からのもので、「今年もガンバロウ」という似た内容だった。一番下にあった最後の年賀ハガキを見て私はドキンとした。

ところどころ濃くなっているのは、鉛筆をなめなめ書いたらしい。差出人の名はなかった。でも私には、すぐにそれが誰からのものか分かった。同じ家に住む母からだった。

ハガキには次のように書いてあった。

「おまえに〝明けましておめでとう〟というのは辛い。でも母さんは、おまえに元旦の日に家族の前で笑いながら〝おめでとう〟と言ってくれる夢を何度も見たよ。おまえがまだ小さい頃、お前が泣き出すと、母さんは子守唄を歌っておまえを泣きやました。でも今はもうおまえに歌ってやれる子守唄がない。どうしたらいいのか分からない。母さんは本当に困ってるよ。今度はおまえのほうから母さんに〝親守唄〟を歌ってほしいよ」――。

ハガキを読み終えた途端、十四歳の私は、寝床の中で声をあげて泣いた。

中学三年生の反抗期の私に向けて母が歌ってくれた〝心の子守唄〟だったのだ。

このとき、初めて私は親の気持ちを知ったように思えた。私は、とび起きてキチンとふとんをたたんだ。申しわけない。すまない本当に申しわけなかったという気持ちでいっぱいになった。

初詣でから帰って来た両親を私は正座して迎えた。「どうか島の高校へ進学させて下さい」と両手をついて頭を下げた。

こうして私は島の高校へ入学した。

高校に進んでからは、必死で頑張って勉強した。おかげで、大学へも奨学金で行ける資格を得ることも出来た。この時、私の入学金を作るため父は、命の次に大事にしていた山の種松を売った……。

――。

あれからどれ程の歳月が流れただろうか。私は結婚をして子供も出来た。両親は元気に暮らしているようだがしばらく島に帰っていない。

ある晩、わが家の中学三年生になる長男が、ささいなことでつむじを曲げた。

長男は「お父さんもお母さんもボクのことわかってくれないんだ！」と大声で私達をののしり、自分の部屋にこもってわんわんと泣き出した。

私の少年時代も、こうして何回となく親にくってかかったことを想い出した。あんなに苦労やめんどうをかけた親なのにろくに親孝行をしていない。「子をもって知る親の恩」という諺があるが、今の私はまさにその心境である。

そんな折、ＮＨＫテレビで作文募集のニュースを見た。「そうだ、両親のことを書こう。もし入選したら放映されるかもしれない。そうなったら天草島にいる両親にも見てもらえる」そんな思いで作文コンクールに応募した——。


以上が荒木さんの作文概要です。最優秀作品に選ばれ、ＮＨＫテレビで作文朗読を放映されました。これを見て、ご両親は、大声をあげて泣いたそうです。お父さんが人前で泣いたのはこの時が初めてだったそうです。

貧困だった苦しい時代、悲しかった昔の事を一気に思い出し、感動で我慢出来ずに泣けてしまったのでしょう。

荒木さんは、とても素晴らしい親孝行をされたと思います。素晴らしいプレゼントですね。

父母死して後は
　孝をつくす事なりがたきを
かねてよく考え
　後悔なからん事を思うべし

貝原　益軒

親孝行したい時には親はなし
　さりとて墓にふとんはかけられず

という教訓もあるように、親子共存している世代で親孝行は、簡単な事のようでも、心より感謝していないと機を逸してしまいがちです。
この文から、物の豊かな今の子育てを顧みると、心を通わす教育の大切さを感じます。

ともすれば、子も親に要求ばかりしますが、昔の読み人知らずの作に、

諸人よ思い知れかし　己が身の誕生の日は　母、苦難の日

とあります。誕生日には、祝って貰うより、産み育てて頂いた親に感謝しましょう。

◥「体験記」白血病の娘に現れた神◣

忘れることの出来ない日、それは平成十三年三月二十三日、二女ひろみが急性骨髄性白血病という思いがけない大病の入院でした。

ひろみには、二歳半の女児と九歳の男児がいて、何がどうなったのか、何をどうしたら良いのか戸惑い、涙が止まりませんでした。

ひろみは、以前から咳と痰が出たり、身体の調子が悪く「しんどい」と言ってお医者さんに診てもらった時は、「少し貧血ぎみだけど大丈夫」と言われていました。

国立医大六階に入院、すぐに治療が始まりました。体力も落ちている上に、抗癌剤

で、良い細胞までやられ、背中、腰等痛み、涙を流しながらベッドに臥していました。

吐き気もひどく、お水も入らないので薬も飲めず、咳も痰もひどくなり、正直言って、主人も私も「ひろみの身体は治療に耐えられない」と悲観し、長女の家で泣き疲れ寝てしまいました。

翌朝、帰宅すると友人から一冊の本『人間の使命』と手紙が届けられていました。

「この本の著者、池田志柳先生の講演会が明日あります」のお知らせでした。

留守にして居ましたから本日のことです。早速連絡を取って一緒に会場に向かいました。

講演は『一寸先は闇と思えば闇になる、一寸先は光にしようと思って努力すれば夢が実現し光明化する』という元気の出る内容でした。帰宅後、電話で先生にひろみの病気の実情を話し助けて頂きたいと厚かましくも伝えさせて頂きました。

すると翌朝早く、今度は先生の方から、

「お父さん、お母さんのお気持ちを思うと眠れませんでした」

と忘れることの出来ない有難いお電話を頂き、今でも思い出す度、涙があふれ、胸がいっぱいになります。

友人から譲って頂いた『人間の使命』を、娘は読める状態ではありませんでした。先生の事務所へお伺いして入手したカセットテープ五巻を病院に届けましたが、見るからにテープさえも聴ける状態でない程に衰弱し切っていました。

ところが次の日、

「テープを四巻聴き終わったら、すごく心が落ち着いてきて不思議なことがあったの。咳も痰も一ぺんに止めて頂け、お薬も水も入るようになって、今、お粥を少し頂いた」

の電話がかけられるようになったのです。この変化に〝神様はある〟と思いました。あの咳と痰が止まったのには、病院の先生も看護師さんも私達夫婦、長女も本当に驚きました。

家族以外の面会が可能になり、お忙しい先生がひろみに会ってパワーを送って下さいました。その一生懸命なお姿に頭が下がるばかりでした。

その後の検査で骨髄の中の髄液から悪いものは全部消えてなくなっていたのです。

本当に、皆、飛び跳ねて喜び合いました。でも、病院の先生に、

「もしかしたら調べられないところ、分からないところに悪い細胞があるかもしれないから治療を続けましょう」

と言われ従うことになりました。

再び抗癌剤治療が、五回に分けて行われました。きつい治療で胃や腸もやられ、ひろみは、話しかけても、やっと首を少し振るだけの答えしか出来ないほど辛さに耐える連続でした。

最後の治療は最もきつく、手足もしびれ、頭痛、吐き気、高熱も覚悟してと言われ、本人はもとより皆がとても心配でした。

これで最後という明るい見通しが、本人に頑張る気を与えていました。

その治療が始まるまでの週末に、二ヵ月振りの外泊を許されました。

孫達の喜びはひとしおで涙が止まりません。お母さんと一緒がこんなにもうれしいものなのかと思う程の喜びです。

体中で喜んだ孫も、月曜日ひろみが病院にもどり、昼間保育園や学校へ行っていた孫達が母親不在の家に帰り淋しさに泣く姿を見るのは耐えられないぐらい辛く、病院のひろみと私とが代われるものなら、今すぐにでもと、涙がこみ上げて来ました。

九月四日火曜日、担当医師いわく、つぎの強い治療が始められました。

しびれもほとんどなく、むかつきもない様子に、医師や看護師さん達も、

「不思議だなあ！」と言われました。先生にパワーを入れてもらうと、こんな結果が出るのは本当に不思議でした。

十月五日、池田先生がおっしゃって下さったとおり、一ヵ月も早く二人の幼子が首を長くして待ち望んでいた家族のもとへ、退院し帰らせて頂くことが出来ました。

可愛い二人の子を残して……神も仏も無いのか、とこの世をはかなみ罵る思いでしたが、神様はひろみの周りを囲むように現れ全部治して下さいました。

日々不安で、いたたまれない思いで、私は毎日、毎日ひろみの事はもちろん、その家族のこと、私達の苦しみや悩み等を先生に電話し、無理難題を申し上げておりましたが、どんなことも、明るく優しく聞いて下さいました。

そして適切なご指導をして下さいました。後で、耳に入ったことですが、今年は外国に行かれるご予定を取り止められたとか。大切なお時間を私がひとりじめしていたのです。心より申し訳なく思っております。

お蔭様で、命をとりとめさせて頂き奇蹟を頂き、退院時にも「お薬も、不要です」とまで言われるまでに元気にして頂きました。

池田先生とのお出会いがなかったら私達はどうなっていたかと考えさせられます。

今まで親として人間として日々命の使い方の間違いを反省しています。

真の喜びと感謝の気持ちを持たせて頂けるようになりました。

溢れんばかりの愛と光で、お守りお導き頂きました池田先生、重ね重ねお礼申し上げます。

今後は、娘のことをお心にかけて、私達を支えて下さった多くの方々への感謝を忘れないで、少しずつでも、皆様にお返し出来るよう、日々過ごさせて頂きます。

有難うございました。

平成十三年十二月三日

宮山　幸枝

次は当のひろみさんの手記です。

◥「体験記」私だけ帰れてごめんなさい◣

忘れもしない三月二十三日、本当なら楽しく祝ってあげたかった母の誕生日に入院した私です。しかも病名は急性骨髄性白血病というだけでも大変な事だったのですが、私の場合は三人目の妊娠初期でもあったのです。

家族には、主治医より「親子共々ダメになるケースが多い」とまで言い渡されていたのです。病名を告げられた時、びっくりし過ぎたのか、一時、二筋の涙が流れ落ちただけでした。

『これからどうなるのだろう』と思っている間に、その次の日から、治療が始まりました。

その日、父と母が私の所に来てくれた時の顔は、私を元気づけようと笑おうと思ってはくれているのですが、二人とも途方に暮れて、悲しい目をしていました。

私も涙は見せたくないと思いながらも、薬の副作用で吐き気が強く、つわりも重なり、胃液までもどし、脱水症状になり、咳や痰が出るしんどい状態が続き、二歳半と二年生を終えたばかりの子供達のことも気になり、もう泣きまくっていました。それから、一週間程経った三月三十日、母は「これから、友達に紹介してもらった池田先生の所に行って来る」とゲロゲロ吐いている私にそう言うと「夕方また立ち寄るから」と出かけて行ってしまいました。

そんなことよりも、ゲロゲロしているこんなしんどい私をもっとさすってよー、と思う程辛く悲しい日々でした。

帰りには約束通り、再び立ち寄ってくれました。両親の明るい顔、生き生きとした声のトーンに、目の輝き、そして私に一言「もう大丈夫だから」と言ったのです。出かける前は、私より少しはましな病人みたいに疲れ果てていた両親だったのに、この違いに、しんどいながらもびっくりさせられました。

不思議な事に、それから、咳と痰がピンと止まり、胃液をもどしていた私が、お粥が食べられ、少しずつ飲物も入るようになってきました。

抗癌剤は確かにガン細胞を殺すでしょうが、同時に健康な部分までダメにしてしまいます。白血球、赤血球、血小板等が低下してくるために輸血が必要になります。

初めての輸血の時は、かゆみと湿疹が出ました。その事での池田先生からのアドバイスは、「多くの方々から頂いた大切な血液に、心から感謝をし、元気になったら、何かの形できっと、お返ししますと思い、病院の方々にも心より感謝をして受けて下さい」でした。

治療毎に、その気持ちを忘れず「有難うございます」と念じました。

それからは、身体に不快なことは起こりませんでした。

折角授かった胎内の赤ちゃんは、私が健康を取り戻すのを願ってくれたかのように、比較的処置に耐えられる少し前にお腹の中に居る間に天国に帰って行きました。母親として本当に申し訳ない思いでした。

骨髄注射はきつく、すぐに足が痛みしびれ頭も割れる程痛く、吐き気もするのですが、真理のテープを聴く元気が出てからは、その苦痛は襲って来ませんでした。

尿道炎にもなりましたが、池田先生のお水をティッシュに染み込ませ痛みのある所に当てることを教えて頂き、その通りにしましたら次の日には、痛みもなく尿もちゃんと出ました。自然に排泄出来るのが当たり前で意識すらしなかったのに、異常が生じ治った時の爽快さは思わず合掌してしまいました。

また、御祈念されたお水のすごさにもびっくりしました。

治療中、白血球の数値が下がると、煮沸、加熱したもの以外は禁じられました。生水など絶対にダメなのですが、先生が私のために祈って下さったお水は、毎日飲ませて頂いていました。

助けて頂いたことはたくさんありましたが、悪くなった事は何もありませんでした。

池田先生が、わざわざ病室まで来て下さり直接パワーを受ける機会にも恵まれました。

その後、間もなくして骨髄検査があり、主治医の先生から「秋本さんの骨髄はきれいきれいやし」と言って頂いた時、飛び上がる程うれしかったです。

すぐに、夫や両親に電話をしたら、その時返された喜び一杯の声が今も耳に残っています。

遅く入院し、良い意味で予想を裏切って私が同病の中では一番早く退院、帰宅できたのです。

退院後一度目の外来検診の時、主治医に、いきなり「もう薬も何も飲まなくて良いから」と言われ、これも予想を遥かに超えての良い結果でこれからは、子供といつも一緒にいられると思い、うれしくていつも心配をかけっ放しの、両親や池田先生にすぐにお礼の電話をしました。この喜びを安心という形で受け留められました。

外来診察を終え、入院が同部屋だった方々を訪ねると、同じ病気で、私の横にいた人が亡くなられたことを知りました。

またちょうど抗癌剤治療をしている友達は、薬害で頭髪を失くし帽子でカムフラージュしておられたのも飛ばしてしまう程、苦痛で口もきけず、横たわっていて、気持ちが判るだけに言葉もかけられませんでした。

健康確認の為に訪れる病院で耳にするのは私より早く退院されるだろうと思っていた人が悪化したり、一度退院された人が再入院して来られたり、良くなれずに亡くなられた方々の悲しいニュースです。

元気になれた今、こういう病気にかかって治ったというのは本当に有難いと思います。

あのえらい、しんどい治療を繰り返し、回復出来ずに旅立たれた気持ちを考えると、治療の苦しさが解るだけに、とても悲しく悔しいです。

真理を学ぼうという気持ちが無ければ、もちろん駄目ですが「健康で楽しく感謝できる真理というものがあるのですよ」と知らされたら、この中の何人かの人も助かったと思えてなりません。

池田先生が「一人でも多くの方に真理をお伝え下さい」と言われる意味がよく解ります。

どれだけたくさんの方々に、真理を学んで健康で幸せになって頂ける糸口に私が役立つか判りませんが、知ること、伝えることの大切さを自覚、実践することが、ご恩返しだと思います。

身近な人へのご恩返しもせねばなりません。七十歳に近くなる両親、生後間もない幼児と小学生を抱えた姉、親戚、友達、近隣の方々の温かい励まし、応援は身に堪えました。忘れられません。

働きながら、二人の子供を守り、忙しい合間を縫って見舞ってくれた優しい夫。

「主人は元気で留守がいい」と思っていた私が、今はとても恥ずかしいです。

真理を学び実践し、自分が変わり主人に認めてもらえるよう努力していきたいです。

母親が必要な時に、入院で家を空けると子供には、もろに影響が出ます。

その間に入れて頂いた保育園の先生方は、

「あの頃のお子さんは、顔にも、心にもシャッターがしまっていた」

と言われる程でしたが、今は二人の子供も明るさを取り戻し、勉強にスポーツに努力出来、クラスの皆と仲良くできるように成長させて頂けているのも、真理を学ばせて頂いているお蔭と感謝しています。

秋本　ひろみ

嫁ぎ先の娘が思いもかけない急性骨髄性白血病と診断された両親側からの気持ち、夫と子供二人家に残し闘病の本人の体験を続けて掲載しました。

文中、いろいろな人が登場して参りますがこの良い結果が出るには、どの人も皆、大切な、なくてはならない人ばかりです。

人は、このように多くの方々に支えられて、元気に生活していけるのです。

その後、決心された通り、たくさんの方々に、体験を話され、真理を伝えておられます。

痛いのを飛ばせる育児

男親、男性教師の子供の教育は母親のそれとは大差があります。

某学校心理士の文章の中に次のようなくだりがありました。

自分の言動には責任を持たせることが年齢を問わず大事な躾の一つだと思っています。

たとえば二歳ぐらいの子がせまい部屋の中を駆けまわって壁に頭をぶつけて泣き出したりすると「悪い壁や、お母さんが怒っておいてあげる」と壁をたたいて子供のご機嫌をとる人がありますが、壁はずっと前からそこに立ちはだかっていたのですから、不注意でぶつかった側が悪いに決まっています。だから「あなたのうっかりミスだから、泣いてなさい」と泣かせておくのが二歳の子の責任のとらせ方だと思います。――と。

四十週間胎芽から胎児に育つまで自分のお腹を貸し、順調に発育し無事に誕生することを願い、月満ちてようやく出産すると、新生児を抱え、自分の睡眠不足も気にしておられずに授乳におむつ替え、洗濯と、母親の子にかける愛情と労力は、普段から育児に参加出来ていない父親には分からないと思います。

その大切な子が、壁に頭をぶつけた泣き声を耳にするや母親はその子の元に走り寄り、「どうしたの、ぶつけたところはどこ？　ああ赤くなっている。痛かったでしょう。痛いの痛いの飛んでいけ！」とその個所を撫ぜてあげます。

「病院へ行くような怪我で無くて良かったね。病院へ行けば傷口を消毒したり、傷口が大きかったら縫い合わせることもあるのよ。本人も、もっと痛いしお金もかかるし、家の事も放り出したままになってしまうことになることもあるの、壁はぶつかられたくなくて、逃げようと思っても動けないから、今度から動けるあなたが気を付けましょうね」

と心を癒すこと、怪我をすると本人だけでなく周囲までも影響を及ぼし、心配や迷惑をかけると諭《さと》し、怪我の手当てをしながら、生活の基本を教えるところまで、安定した家庭を築く努力をしている母親には出来るのです。

その機会にしか出来ない教訓を子供に伝えて行く必要があるのです。

また、子供が外（学校等）で何かを壊した場合の責任の取り方も述べてみます。

壊した物が何であれ、正直に直ぐに申し出て、心からあやまる指導を徹底して下さい。

誰が壊したかが判らないと、教職員会議を持ち、生徒集会を持ち、また各クラス毎に担任教師がその時間を取るとしたら、相当な時間を不愉快な思いで無駄にしてしまいます。パートで働けば、一時間でも報酬が支払われます。その一時間でも何十人・何百人になれば、驚くほどの損害をかけます。

あやまるのはあやまっても「お金で弁償します」等と言わないようにも伝える必要があります。「何か自分で出来ることをやらせてもらうことで許して下さい」と申し出ることが最良です。

弁償が親に及んで、子供が「私のお年玉がたくさんあるからそれで払って」と言うかもしれません。

お年玉というのは、足長おじさんのようなお金に余裕があって気持ちの優しい人や気前の良い人は別として、縁のない何の関わりも持たない人からお年玉やおこづかいはもらえません。お父さんやお母さん、おじさん、おばさん、またおじいちゃんやおばあちゃん、親戚の人など何らかの交流があって、お礼かお返しか今後もよろしくの気持ちをお年玉に込めて子供に与えられているのです。成長して働くようになったら今度はお年玉を与える立場に変わるとしっかり伝えたいものです。

自分で働いて得るまでは、本当に自分のお金というものはないのです。

親が居合わせ認めている子供同士の物の交換は問題ありませんが、学校での物の交換はやらせないことです。

本人が切望して買ってもらったか、親が子供のために必要と思い家計を詰めてまで買った品の交換は、良くありません。

どうしても時は返却日を決めて貸し合いすることで済ませ、自分に与えられた物を大切にすることを教えて下さい。

勝手に交換していることも知らないのは危険です。

「交換した」という言葉に盗品が混じっていないとは言い切れません。

「あの子とあの子はいつも交換しているよ」にも、「ヨソはヨソ、ウチにはウチのキマリがあるの」と。

嫌いなことから輝くもの

平成十六年、長崎県の佐世保市立の小学校で六年生の女児が同じクラスの友達の首をカッターナイフで切り、惨殺するという今までにない事件が起き、このニュースを知った時、私は言葉を失いました。

被害者の御家族は言うに及ばず、子供達の世界は一体どうなってしまったのかとこの報道に人々は恐れおののきました。

加害者のAも被害者のBも共にパソコン操作も出来る知識があるのですから、利口な子供だったと思います。

Aはバスケットボール部に属していて、それもとても好きだった様子が公開された日記から窺えます。

好きなそのバスケットボールを、親の『運動をしていると勉強が出来なくなる』という考えから止めさせられてからの日記には、暇・暇・暇・暇という文字が続き、級友や周囲を軽蔑する罵りの言葉が乱発されています。

親は自分のその年齢まで生きて来ていますが、子供は初めての人生ページの一日一日をどうすれば良くなれるかの深い考えを特別の子でない限り持っていません。

運動部を止めさせたら『その時間を何に使っているだろうか、止めて良かったと思える意義有る日々を送れているだろうか』と様子を見る大切な事が出来ていなかったと思うのです。

子供が暇を持て余し暗い気持ちで日々過ごしている事に親が気付いて、良い方向に対処していれば不幸な事件は起こらなかったと思います。昔から泥棒以外は何でも習え、続けて習えと言われて来ました。

何かを継続するというのは、最低でも身体を動かしたり、今まで知らなかった事を知り得たりで、運動にもなり知識も広がります。

私が子供の頃から比べれば、生活は非常に便利になり、家事の手伝いも少なく、労力を要しないようになりました。

時間があるのに、ゲーム等その場だけ面白く興味がそそがれるものに夢中になる傾向があります。

好きなものにしか取り組まない、嫌なことはやらなくても良いというような風潮が子供の感覚を駄目にしています。

お宝を鑑定する人が居ます。骨董品を伺い観ながら『良い仕事をしていますね』とそれがその道の名人の作品であると判断します。

本物ならばホコリを被っていても、古くなっていても鑑定人が観れば、その価値を的確に、判断してくれます。

日頃、名人と言われる作品を、観察したり研究し続けたから、現物を観れば『ほんまもの』は、すぐに判るのです。


神は、己が姿に似せて、男と女を創り給い、そしてそれを御覧になって「はなはだ佳かりき」と仰せ給うたという意味のことが聖書に述べられています。

この宇宙の最も大いなる愛と知恵を持たれた創造主・名人は人間を最高傑作に造られているのです。

創造主の力を信じ、自分はとても素晴らしく作られていると信じた者は信じただけの力を発揮できるのです。

得意なものもあれば、まだ練習の出来ていないものや一度も取り組んだ事のない苦手かもしれないと思えるものもあるでしょう。

しかし、チャンスがあれば、知っておいても損にならないものであれば、何をすると良いのか判らない子や、意欲を失っている子には半ば強制的にでもやらせる方が良いです。

最初は戸惑いながらやっていたことが、その子のライフワークになる場合もあるのです。

また残念ながら努力しても、精一杯練習を続けても巧くなれず、好きにもなれない場合もあると思いますが、そんな時も簡単に止める事に同意しないで少しは強要するのです。

習い事等も、自分からやってみたいと言った子供にすら「自分から言いだしたことでしょう。卒業するまではがんばりなさい」とか「ここまで続けて来たんだから一級か段を取るまでガンバレ」とか背中を押す親や教師が今は少ないと思います。

何事も強制してはいけない、自主的にやらせるべきですなどという教育だから子供は自主的にゲームや楽な方へと向いて行ってしまうのです。

イヤなことはやらなくてもいいという教育が我慢のない、他人の痛みが分からない子に育って行きます。

相当努力して学業を卒業する等のケジメのある時に習い事を止めたにしても、それは続けられたという充実感と途中で投げ出さなかった責任感を自覚し心のどこかに満足感を覚えます。

何年やって来てもあまり上手になれなかった事を他の人が器用にやりこなせたり、上達が早かったりするとその人を尊敬する心が芽生えたり、また自分が謙虚になれたりの人格形成もしっかりと養えるのです。

友達が持っているものが自分にないと幸せに感じないという歪んだ幸福観念を持つと、欲求が通せない時すぐにキレ、他人を陥《おとしい》れる危険な性格の子になってしまいます。

「余所（よそ）は他家（よそ）」「私家（うち）は我家（うち）」と家訓に合わせ我慢させたり強制したりして良い人格を作り出して行く必要もあるのです。

「ウチの親はわからず屋のがんこ者だったけれど、その親に育ててもらったから今の自分がある、道を踏み外さなかった」と親に感謝している人をたくさん知っています。

第八章　好転は調和

盆と正月、クリスマスも一緒に来た

受験シーズンになると、この上なく強烈な思い出があります。それは私がその地域でカルチャースクールを開いてから数年経過した時から始まります。硬筆教室を開いている公民館に、A少年が一年生になっての夏頃から母親に連れられてやって来ました。

「この子は、落ち着きが無く、一つの事を五分以上続けてやれませんが、よろしくお願いします」と挨拶を受けました。

学習資料を渡し、よく説明し、少しの間、様子を見ることにしました。

結果、この子は同学年の皆と一緒の学校生活を送るのは無理なのではという思いがしました。エンピツを持って文字を書き始めるまでに半時間以上、何ということのない時間を費やしてしまうのです。あちこち眺めたり、エンピツをくわえたり、ケシゴムで遊んだりした後ようやく書き出したかと思えば、丁寧に説明したことなど全く聞いていなかった書き振りです。それも大抵の人が所定の時間内に学習する半分も出来ていないのです。ここで言う学習とはお手本を見ながら波線をはみ出さないようにつないだり、似せて練習したりする作業ですから簡単なことばかりです。

この子が学校や文字のおけいこを続けられるようにするには、どうすれば良いのかと、はたと考えてしまいました。

まず好きになってもらうより嫌いにならないで続けられるように努めてみようと心を決めました。続けているうちに好きになれたら本人にとっても私にとっても望むところです。そこで彼が教室へ入って来ると、明るい声で「いらっしゃい。一人で来てくれたの、よく来られたわね」と迎え入れました。クツ揃えと挨拶は、当教室のモットーですが……。

彼は無言です。量的には皆の半分以下、それもお手本と大きくかけ離れた、まさに書けばいいだろうという感のする、ワクからはみ出したものや極端に小さな文字を終了時に見せられると辛いものがあります。でもこれが「今のあの子の精一杯なのだ」と、私自身に言って聞かせ、

「今日も頑張って上手に書けたわね、スゴイ！　気を付けて帰ってネ、よく来てくれました。さようなら」と送り出していました。

こんな塾生活が四年程続くと、いつも無言だった彼は、「こんにちは」と言って入って来るようになり、まだ練習に取り組む前には無駄な時間がかかりましたが、学習量はほぼ皆と同じだけ出来るようになり、文字も上達し始めました。また帰る時にも「サヨナラ」と言えるようになっていました。

小学校を卒業する時期には、ようやく五、六年生対象の一級に昇り詰めることが出来ました。一級の認定は書道協会から賞状が受けられるのです。それ以外にも塾の生徒が一級になった時には、私からとして比較的大きな美しいトロフィーも褒美に与えています。

アドバイスをよく守り、真面目に取り組めば、一・二年生で一個、三・四年生で一個と小学生の間でも三個のトロフィーが獲得出来るのですが、彼は六年生で初めて授与されたのです。同学年の知っている子がいくつもトロフィーをもらう中で、たった一回のそれは彼にとってどれ程の喜びだったか計り知れません。中学校に進むと、授業時間も長くなり部活で時間や体力が必要となり、書道教室を続ける人は、途端に少なくなります。家が近くて目的のある人か、書くことが好きな人が残るくらいです。中学へ行っても継続組に彼が残ったのです。一級に上がり、認められたのが、余程うれしかったのでしょう。

中学生になった頃は、小学生と異なって、学校での勉強も難しくなってきます。月毎に替わる書道の課題を彼に読ませると、平易な漢字も読めないのです。

それでも彼は、小学生の時と同じように、風邪で体調を崩した時とか、学校行事が長引いた時以外は必ず塾に来て練習をしていました。案じていた事が現実になりました。いじめがあって登校拒否が始まったのです。

彼のお母さんがすぐに相談に見えました。学校とも相談し、出来る限りの不安を取り除き励ましたところ、彼は再び登校するようになりました。が、彼にとっては決して楽しい学校生活ではなかったと思います。

そんなことがあって間もなくして二回目の登校拒否をお母さんから電話で知らされた時は正直、『また、来てしまったか』と、私も気持ちが沈みました。

直後、電話を彼に代わってもらい、『今まで書道を頑張って来たから一級が取得出来たこと、中学生になると継続するのがかなり難しいのにA君は休まずに努力し、昇級して来てもう一息頑張れば、いじめる生徒も持っていない中学生の部での一級が取れるから』等かれこれ八年も続いている彼との信頼関係だけで説得しましたところ、翌日からまた登校出来るようになりました。決して喜んで進んでの通学ではありませんから、中学のどの学年も皆出席ではなかったと思われます。

そんなことがあっても、やはり私の塾には休まずに来ていました。

中学三年生になると高校受験が付いて来ます。男の子だから何かスポーツでもということでどういう理由でそうなったのか彼は小学校の中程で柔道を習い始めましたが、長くは続きませんでした。

中学二年生の夏には、高校受験目的で近くの進学塾に入りました。が、彼には不向きで延べにしても、一週間と続かないで辞めてしまいました。

そうなると、家での学習に力を入れるしかありません。両親は言うに及ばず、力を貸してくれそうな人の応援を頼んで彼を指導していると話されていました。学校で先生・親・本人の三者が話す時があった後には、彼の母親から必ず私のところにも報告がありました。学校の先生が「まず公立は無理です。私立もこの成績では……」と言われ、「あの子の行ける高校がないのです」と。

「本人はどう思っているのですか？」

「父親も卒業した近くの公立に行きたい」と。

「ヤドカリでも自分に合った適当な貝を探して入るのですから、人の子は、きっと行く所はあるはずです」と私。

「中学校に入ってから体育の時間に運動をやらず、体操服は新品のままというような子なので……」

「とにかく本人が希望する高校を第一志望にして、受験の日まで努力するよう応援して行きましょう」

ということになり、私は毎週、受験時に一点でも多く取れて、その一点が合格につながればと思い、出題されそうな問題を作って毎週私の塾に持って行きました。彼の学習が終了すると手作り問題を持ち帰ってするように手渡しました。歴史や諺も興味を持ってくれそうなマンガ本になっているものを薦めました。受験が間近になったある日のこと、いつものように出題予想問題を作って用意しておきました。彼が書道の練習を終えて帰ろうとした時、その用紙が見当たらなくなったのです。いつも手作り問題を手渡す時、彼は無表情にひったくるようにして持ち去って行くのです。今日はその問題用紙が手渡されないので『しめた、良かった』等と考えているのかなと一瞬思ったのです。

彼を待たせず、すぐに渡せるようにと置いたところに見当たらないので、懸命に捜すものですから彼も一緒になって、机の下を窺うように捜し始めてくれたのです。

その行為に、日頃の彼を知っているだけに驚き、真心の伝わる中学生に成長して来てくれていることがとてもうれしかったです。

一緒に捜していた時には見つからなかったのに、仕事を終え帰宅する為の後片付けをしていると、その用紙が始めに置いたところから他の用紙にピタッとくっついている形で発見出来たのでした。

受験前になると志望校の競争倍率が気になります。その数字が新聞で発表された時、彼の受験校の数値は高く、担任の先生も「受験は認めますが、後の事や、他の生徒の事を考えると非常に無茶な困った事です。遠くなりますが、他の学校に変更して貰えませんか」との案を持ちかけられたりする度、お母さんは、私を訪ねて来られました。

「彼がそこを望んでいるのですから、受けさせてあげて下さい。どんな結果が出ても自分の責任として受け止める力を養える機会になります」

「ああ、こんな状態でもしあの子が合格出来たとしたら、神様は本当にいらっしゃると信じられるのですが……」

「神様がお力を貸して下さるように明るく応援してあげて下さい。及ばずながら私も一生懸命お祈りさせて頂きます」

先生や両親、周囲の思惑を気にすることもなく彼の志望校は、一度たりとも変更されることはありませんでした。

ややあって、志望校変更不可能な最終競争倍率が発表されると、高かった彼の志望校は定員を一名オーバーするだけの受験者数に落ち着いていたのです。

その一名に彼がならないように、来週の水曜日は受験日だというのに、こうやって私の水曜日塾に通って来てくれている彼に複雑な思いを抱きながら、見つかった手作り問題を手に、考え込んでしまう私でした。

彼の家は知っていましたが、その日はそれを家に持ち帰りました。

その夜、彼に受験当日の心構えみたいな文を左記のように認めた記憶があります。


A君、風邪に気を付けて元気に受験しよう！

合格する為の試験に全力を出し切ろう。

一、氏名、受験番号等を忘れずに書く。

二、全体の問題を読んで、答えられそうなところをもう一度読む。
三、問題が何を尋ねているかをよく知る。
四、〇をするのか×もするのかをしっかり知る。
五、三択や四択の問題は、難しくて解らなくても必ず答えておく。
六、幾度読んでも答えられない問題は諦めて、出来たと思う解答や解答欄が間違っていないか見直す。

その他、転がり難い角エンピツを数本、ケシゴムも白色で角ばったものを持参するようにとのメモと目の覚める程ミントの効いたチューインガムを添えて、例の手作り予想練習問題を翌朝早く彼のところに届けました。

試験当日、彼は、「池田先生のガムをお守りとして持って行く」とポケットに入れてくれたそうです。

その日私は彼の家の近くの公民館で教室を開いていました。

今日の試験が終われば彼はホッとするだろうなあと思っていました。

夕方近くになって、彼は何事もなかったように、教室に学習に来たのです。

私も今日の試験がどうだったかは聞きませんでした。聞いても答えは「別に……」だと思えたからです。

受験が終わったその日くらいは、解放された気分になって勉強を忘れたいものですが、彼はいつもの練習をして帰りました。

直後、お母さんが、『合格発表は一週間後の水曜日にあります。朝十時、直接本人に電話があった場合は、自宅待機するように言われています。それは駄目だった時のことで、今後の相談をするためだそうです。十時を過ぎても電話がない者は、学校に来るようにとのことでした』と知らせに来てくれました。

待ち遠しいような恐いような一週間でした。水曜日の朝の十時前は、耳は電話のベルに集中していました。五分、十分過ぎても鳴りません。私の方から意を決してかけました。

「まだ、かかってきていません。十時も過ぎましたので本人は学校に出かけました」と彼のお母さん。

「合格したのですね」

「信じられないのですが、学校から帰って来たら判ると思いますので、確かなご返事をさせて頂きます」とお母さんはどこか明るく答えられました。

その日、公民館教室を開く前に、私は彼の家を訪ねました。

「今、帰って来て、合格していたと言ってくれました。あの子が受かったら神様はあると信じられる気になっていましたが、やはり神様はおられるのですね」

「長男さんがお父さんの通っておられた同じ公立高校に合格出来て良かったですね。お盆とお正月が一緒に来た程うれしいことです」

「クリスマスも……」

進学塾の先生にすら応援して貰えず、私学はおろかA君の行ける高校は無いとまで担任の先生に言われ苦悩し続けられたお母さんでした。盆と正月・クリスマスが一緒に来たかのような、信じられない程うれしいうれしい合格が叶えられたのでした。


高校へ入学してからがまた大変でした。


「昨日は有難うございました。ご自分のことでお忙しい中をこうして私どものことにまで懸命になって下さり、本当に申し訳なさに頭の下がる思いです。

今日、学校の方へ面談に行って参りました。

『二年には進級出来たけど、おそらく三年へは無理かもしれない』と担任の先生は言っておられました。欠点が三科目あるのであと一科目でも定期テストで欠点を取るとアウトになるとのことです。でも、今回池田先生のアドバイスのお蔭です。担任の先生も全員進級出来ることになったと喜んでおられました。

二年生も同じクラスを受け持ちますとおっしゃって頂いて、私も手を合わせたくらいでした。

『あの子にとって今のクラスが一番ラッキーです。これが一年早くても一年遅くても、いけなかった。めぐり合わせですよ』

とも言って下さいました。何か私、神様にすごいものを頂いたような気持ちです。取り急ぎ今日の御報告をさせて頂きます」とＦＡＸで送られて来ました。

各学年末や卒業が間近に迫った時などはお母さんと私で考え、校長先生、担任、諸先生に対し、手紙の他、事がスムーズにいくよう一生懸命に働きかけました。

有難いことに彼は留年や退学を免れました。

就職が決まれば、卒業は可能と推測し、採用者には私がならせて頂きました。

卒業さえ出来れば、後は彼のペースに合わせ実力を付けていけば良いのです。

自動車の免許も、皆の何倍も努力して取得出来ました。仕事に必要な他の資格も持てました。今彼は自分で職を探し、働き始めました。十数年もの間彼とお母さんとお付き合いをさせて頂いて来ましたが、この結果が出せたのは、真理（神のお導き）なくしてはあり得ないことだったとしみじみ思います。

◥「体験記」世界中の誰より喜んでいる私◣

幼い時、兄が重い病気で入院していたことがあり、それ以来、死ぬことの恐怖と不安な気持ちが続いていました。

そのことを話すと先生は、

「神様が病気を創って突然与えたりされることは無く、病気というのは、何かのバランスが崩れたことを言うのです。バランスさえ良くしていれば、病気は現れません」

と力強くおっしゃって下さいました。

今まで何十年も心に重くのしかかっていたものが、スーッと取れるのを感じました。

主人が最近体調を崩し、通勤困難な状態に陥った時も先生にお願いして会って頂きました。最近の会社や家庭の事情を問われ、食生活のアドバイスを受けました。

その後パワーを頂き、

「もう仕事にも行けないのではないかとさえ思えるほど精神的に不安定だった」

と言っていた主人でしたが、すぐに気持ちも身体もすっかり回復させて頂き、次の日から出勤出来ました。

今は、二人とも、普段の生活に対する心構えも変わり、朝食もしっかり摂り、日々感謝して過ごせております。

新しく家を建てる時には、お忙しい先生に何度も土地を見て頂き、「もっと適した良い所があります」とダメ出しをされました。そして南向きで日当たりが良く、主人の実家近くの便利な所に、自分達の思い描いていた通りの家を建てる事が出来ました。以前のハイツは上下階や隣家の生活音に敏感になり、家で心からゆっくりくつろげるものではなかったのです。

今は希望通りに建てて頂き、のびのびうれしい気持ちいっぱいでの生活は本当に夢のようです。

ただ最大の希望である赤ちゃんはなかなか授かりませんでした。

結婚して五年を過ぎる頃になると、会う人出会う人に挨拶代わりのように「お子さんはまだ？」と問われ、平気なふりをしていましたが、内心とても傷ついていました。心ない人から「病院で調べてもらったら」とか「気を遣うから、子供の話も出来ない」とか言われ落ち込みました。

テレビや新聞で子供が親に虐待されたり、殺されたりの悲惨なニュースを見るたびに、どうしてこんな人に子供が授かるのだろうと腹立たしい思いでいっぱいでした。

私より結婚歴の浅い友人にも次々と子供が生まれ、焦りも増し抑えきれなくなった気持ちを先生にぶつけてしまいました。

「必ず授かります。あなたの所に来てくれる子はもう決まっているのだから心配ありません。お任せの気持ちでいて下さい」

とはっきりおっしゃって下さいました。私はハッとしました。毎日『ちょうどよい時期に授かりますように』とお祈りしていたのに、いつの間にか自分勝手な都合主義になっていて、自然の動きや、自然の癒しを妨げていたので

す。

それから間もなくして、身体の変化に気付き、今までこんなにドキドキした事がないくらい胸がときめきました。

病院で妊娠していることを告げて頂いた時のうれしさは、今、この広い世界の中の誰よりも喜んでいる、幸せを感じているのは私に違いないとさえ思いました。

このご報告をどうしても池田先生に直接お目にかかってしたかったので、ご無理を言って、すぐに会って頂きました。後日、新聞で先生の左記の短歌を見て、私のことを本当に祝福して下さっているのを知りました。

今の今　どこの誰より幸せと
五年半経て　身籠《みごも》りし婦人《ひと》

中橋　輝美

スタートラインに立つ前に

年が明けて新しくなると、古いものにケジメがつき、何もかもが新鮮に思え、今年はとか今年こそはという気持ちになれてうれしいものです。

「一年の計は元旦にあり」の格言は幼い頃よりよく耳にしてきました。そしてそれに異見はありませんでした。

しかし、真理を学習、実践していくに従い一年の計を元旦に立てるようでは遅いと思えるようになったのです。

マラソン選手を始め、あらゆるスポーツ競技における選手のレース、試合に対する心構えは、ホイッスルやゴング等が鳴らされる前に出来ています。

今度の試合には、体調をこのように整え、練習はこんなふうに取り組み、試合当日は悔いのないよう万全の調整の出来た態勢で臨みたいと計画を立てるものです。

誰でも気軽に出場可能なイベントならいざ知らず、タイトルを懸けた試合や、オリンピックの選手などは、プライドや日本代表という責任を負って良い結果を出す為に、特に緻密に、元旦等を問わず事前に早くから計画を練ります。

「最高です」と誇らしげに良い結果を出せた選手はもとより、残念ながら思いを果たせなかった人々もやはり早くから、それに向かっての努力を重ねて来ています。

スタートラインに立ってから「今日はどんな戦い方をしようか」と考える人はありません。出発点に立つ前にビジョンは出来ているのです。

一年三百六十五日、老若男女この地球上に生活している者全てに年頭に与えられた、年間使用可能な未知なる日々です。

真っ白な三百六十五ページを風水、占いや宗教でなく、各自がどんな思いの日を送るかによって刻まれていくものが異なります。

どの一日も、自分の計画した通りか、あるいはそれに近いものが出せた日々かが年末近くに、確認出来るのは、非常に喜ばしいものです。

人生は自分一人で生きているものでありませんから相手の出方、環境の変化によって止むを得ず自分の戦い方、計画を変えないといけない場合もあります。

そんな時に、真理を知っていると事は無駄なく順序良く運びます。

真理とは、聖書にも書かれていますようにその時、その場をベストなものに表現出来る愛であり生命であり知恵であり喜びであり、調和、治癒、美の力を言うのです。

自力や周囲の協力でもどうにもならない時や病院の医師から「処置の方法が無い」と見放された時等には〝困った時の神頼み〟として、目には見えませんが、偉大なる大自然の力の方に心が向けられます。

そうなる前に、人が快適に生きて行ける道である真理を学ぶのが好ましいのです。

身近な悩み

一足先に真理を学んでいる方に向かって、一人ぼっちでさびしいと嘆く人には、

「大丈夫！　あなたが就寝している間も、頭脳や内臓各器官を働かせ、呼吸を整え、体温を保つなどして愛してもらえているから」と愛を伝えて下さい。

死ぬのが恐いからと嘆く人には、

「大丈夫！　原因のない所に結果は現れない。あなたの生命の元が生命の創造主の神様です。ケイタイ電話には、コードがなくても、プッシュボタンで必要な人と連絡が取れるよ

うに、私達もコードレスながら生命の源としっかりつながっています。縦、横、厚みのある地球上でのこの世の生活が終わっても今度は異なる波長の生活（霊界）が用意されていて、命は死なないで、いろいろな世界で生き続けられる生命をもらっている」と伝えて下さい。

「この問題の答えが解らない」と言う人に、

「その答えは、今まで学習して来た中にあるのです。ただ未体験ですから、この際しっかりと本腰を入れて学習しましょう」と智恵を伝えて下さい。

「こんなに悲しい気持ちをどうすれば良いですか」と嘆く人には、

「大丈夫！　もう一方の側面を見てごらんなさい。あなたの失ったものは、向こうで役立っています。あなたを害したと思われる経験は今後の生活にきっと役立ってくれます。裸で生まれてきたのに、あなたの周囲にはあなたの為に役立ってくれるものがこんなにたくさんあります。あるがままを喜べば、喜びが喜びを連れてきますからもっと喜べます」と伝えて下さい。

「今、これを与えられないと困るのです」と言う人に、

「大丈夫！　叩けよ、さらば開かれん。求めよ、さらば与えられんと言われるように、そ

して、それらは既に与えられていると信じ行動して下さい」と。心の中に描いたものは、必ず表現化します。心が怒れば顔も体全体も怒り、青筋が立ったり血圧や心拍数も平常でなくなります。催眠術師の人は「この人は必ず眠る、そして私の言う通りの行動をする」と強く念じて信じているから、そうなるのです。

催眠術師は「どうぞ眠くなりますように」等不安のある言葉は発しないのです。必要な物が与えられたと信じる心が出来るとそれに相応しい行動が出来て、本当にその物が掌中に入るのです。しかし、これは物の必要性の強弱にも、大小にも関係します。求めているものは既に「与えられている」紛失物だったら、既に「見つかった」と希望が叶っている思いで行動すれば、必要で求めているものは間違いなく与えられると信じて下さい。

あの人と仲良く出来ないとかあの場所は苦手だと嘆く人には、百人がいて百人の人に「良い人」と思われるのは無理なこと。どの人もこの人も同じ色の色彩や形や、ペットが好きだとしたら、産業や工業等の発展は望めないように、それぞれの好みがあって人々もそれぞれのカップル・グループの活動もあったりするのです。

真理には全てのものと和解するように述べられています。和解とは感謝することだと言われます。この世に自分という命が誕生し、自分が大切なように、他人もそれぞれ大切なのです。そして苦手と思われる人もこの世で、自分では出来ない使命を果たしていてくれるのです。和解、感謝を根差しながら周囲と調和を心掛けた時、大自然も周囲も家族も自分の肉体も間違いなくその人を応援してくれるのです。

調和から来る力は、一見微々たるように思われますが、子供達が集まって金の鎖が切れますようにと思ったことで硬いクサリが切れましたね。

同じ柵の中で、ホルスタイン牛三頭が静かな穏やかな波長で佇んで居ると、熱《いき》り立った闘志むき出しの牛が、次第に平和な気持ちに変わりその場に調和してしまった実話を知っても、調和の心が大切です。家族でも、一人を敵視すると更にその人をあおる事になりますが、周囲がその人を包む気持ち、調和する気持ちでいるとその人の気持ちも、皆と和して睦まじく生活出来ます。

調和を図るには笑顔と言葉が大切です。特に最初に口にする言葉は続きが絡みますから重要です。食事をすることをメシと言えば「食おか」、お昼ごはんと言うと「頂きましょ」、金《かね》と言えば「出せ」、お金と言うと「預けましょ」、テメエと言えば「ヤルカ」となり、売り言葉に買い言葉となって争いの始まる危険性もあります。

上品な会話を楽しんだり、調和を目指すのなら、優しく話し始めるのが無難ですね。

この病気が治らないと嘆く人に「神様は病気を造らない、それなのに自然治癒力を働かせて下さるから、大丈夫」と言ってあげて下さい。

病気は心身のバランスの崩れを言います。過労には休養。基礎食品を取って、しっかりと正しい食生活と運動をすると快くなります。

意外と思われますが、病気の発端が心にある場合が多いです。

それも、ならなくても済むのに、先に述べたように見聞きした情報だけで、迷いを形に現してしまうのです。偏食で好きな物だけ選んだりバランスの良くない食品を選ぶのもその人の心です。運動を嫌うのも心です。

◣「体験記」五十肩でヨーガ見学◣

庭の花壇のチューリップの新芽が大きく成長してきて、春のいぶきが感じられます。

さて、先日はヨーガ教室を見学させて頂きまして有難うございました。

とても、充実した濃い内容のひとときを過ごさせて頂き、有難うございました。

私は一年半前より、手を上に伸ばすと左の上腕骨の三角筋に痛みが走り、不自由な思いをしていました。

自分でマッサージをしたり、肘まわし運動をしたりしていましたが、相変わらず、痛みはとれずにいました。

その日のヨーガでのネコのポーズは、左腕を伸ばしていると、とても痛くなり、曲げてかばっていました。

ヨーガをしていると体の芯からポカポカと温まってとても気持ちが良かったです。

最後に体の部分、一つ一つのツボを押したり感謝をしたりするのに感動しました。

ヨーガが終わってから、私の「五十肩」の話をしましたら、先生はパワーを当てて下さいました。

ヨーガの見学で伺いましたのに、思いがけないことで、うれしいやら、申し訳ないような気持ちになりました。

受け入れ体勢を考え、心の中で「完全健康真実相」と唱え「左腕はきっと良くなる」と良くなっている姿をイメージしました。

パワーを入れて頂いた後、先生に「腕を上げてみて下さい」と言われ上げてみましたら、かなり上方までスーッと上がりましたが、正直なところ少し痛みを感じました。

しかしそれから三時間後、家に帰ってとても信じられないことを体験したのです。

左腕を上げてみましたら、どんなに伸ばしても痛くないのです。とてもうれしくなって、反対の手で引っぱって伸ばしても痛くないのです。驚きと感激と喜びの感情が溢れ出てきました。池田先生、有難うございます。私どもの世代は戦後の教育で、科学万能主義と申しますか、何でも科学的にものを考えるようにトレーニングされてきたような、私自身も、今までは科学で証明出来ないことは信じない方がよいと思ってきました。

自然治癒力は、目には見えませんが科学を超えるものです。有難うございました。

松村　今日子

空間にはオーラと幸福が入る

部屋を片づけると、物の存在が明確になり必要な物を取り出す時、スムーズに簡単に取り出せます。空間も広くなり、気分も良くなります。

人は生活している空間のオーラを身にまとって存在しているのです。

整頓された空間に幸福が入って来るとも言われます。

会社の状況から考えても、希望の部署への異動は無理と思いつつ、思い切って部屋の大掃除をした友人のこと――。

広くなった机、障害物のない通路、すっきりした空間が目の前に出来ただけでなく、心まで新鮮な空気で満たされた思いになりました。それから半月ぐらい後のこと、上司から突然の呼び出しがありました。

半ば諦めていた希望の部署に「君に適していると思うから」と念願叶い異動出来たと報告してくれました。

お仕事に出られたり、その他のご用で出かけられる方も多いと思われますが、私のおすすめは、出かける寸前も、水周り、火を使用する周り、今までいたところの整理整頓です。留守中の事故も防げます。そして出かける時の忘れ物は確実に減ります。

昔は、今のように物も多くなかったでしょうが、その反面、物を大切にしました。使った物には感謝して、手入れをして元の位置に戻す生活でした。明治時代に日本を訪れたエドワード・モースは、ゴミも落書きもない美しい国と賞し、また同じ時代（明治二十九年・一八九六年）日本に帰化したラフカディオ・ハーン（小泉八雲）は『私が今までに見た一番美しい目は日本人の目でした』と、評価してくれました。

時代が違うとはいえ、今その片鱗は残されているでしょうか。日本人として示して来た先祖の誇りを傷つけては申し訳ないと思います。まず身辺から片づけ始めましょう。

指先から放射するパワーを特殊なカメラで撮ったという写真を入手したことがあります。私の手のひらからも出ているとすれば、こんなふうに映るのかしらと思わないでもないのですが、最近フランスで人の身体から出ているオーラが撮れるカメラが出来たということを知りました。

その体験者は次のように語っています。

健康で心が整っている人、他人に喜びを与えたいと思っている人、自然や周囲と調和感謝に努めている人等のオーラは、明るく、澄んだ、おごそかなパステルカラーで後光のように眩しく、その反対に不健康で自己中心的な人のオーラは暗く、よどんだ、赤黒い重い色彩で写り出て来ると——。

私もさもありなんと考えます。雰囲気というのは具体的に説明出来ませんが、そこにはその人の心がオーラの層をなしています。徳の高い、迷いのない明るい心の人はその層が広く厚いのです。

昨日は思いもよらぬ事故に遭遇致しました。孫の梨奈《りな》が遊びに来ていたので野川（町名）へ送って行く途中、乗用車に、正面衝突されました。

普通に左側を走っていて正面からセンターラインを越えて飛び込んで来たような状態で一瞬目の前が真っ白になり大事故だと思いました。車は双方大破しましたが、私方は、不思議と体は普通に動いたので、本当にお蔭様を頂いたと感激しました。

梨奈の方もびっくりして泣きましたが、ホンの少しかすっただけで学校の方も行きましたので一安心です。

車の方のことも丁度良きように示談が成立させてもらえることと思わせてもらって

います。この度はお助け頂き本当に有難うございました。

田岡　晴七

このお便りのように、車が大破する程の大事故でありながら無傷というのは、おごそかなオーラがクッションになって守られたに相違ありません。

◥「体験記」交通事故の後遺症と糖尿病◣

入梅はしたものの一向に雨は降らず、今のところでは空つゆのような毎日です。

御神縁を頂き、お教え頂いた通りその時間には、宇宙のどんな症状も癒すというチャンネルに心を合わせ、元の健康体が現れますと強く心に思いながらパワーを受けさせて頂きました。今まで身体は自分のものとして、好き勝手、使いたい放題に、自分や家族のことだけに気ままに使って来ました。

夫婦で車の事故に遭い、手術を受け後遺症的な骨の痛みがありまして、今まで引きずっておりました右足が普通に歩けるようになっているのです。家内もびっくりしています。

家内も同乗していたので、首の周囲が長くスッキリしない状態が続いていたのですが、これも、忘れていたと言うまでに治して頂けました。二人とも糖尿病だったのですが、昨日の検査では、血糖値が一三八にまで下がり、平常に近い状態になってきております。

夜は薬を使わないと眠れなかったのですがパワーを受けた後は、手足が軽くなり、体がのびのびしてよく眠れます。

短期間で、長い間苦しんでいた事をうそのように解決して頂き、真理と先生のパワーの偉力に敬服致しております。

この好結果を周囲の人にお伝えし、真理の確かさを広めさせて頂くのが、今の自分に出来る御恩返しだと思っています。

先生、本当に有難うございました。心より深く感謝申し上げます。

六月十一日

小田　豊

「体験記」交通事故の示談

まだ、梅雨も明けてはいませんが、強い日ざしのある毎日です。

池田先生、この度も大変有難うございました。交通事故を起こし、相手の態度が硬化し、こんな気持ちがいつまで続くのかと思うと……夜も眠れませんでした。

ところが先生に相談させて頂き、気が軽くなって帰宅すると、生命保険会社の方から、示談書をもらったからと電話が入りました。もうびっくり致しました。さんざん御心配をおかけしましたが、二度とこのようなことのないように、充分注意して、ハンドルを握らねばと肝に銘じました。

七月十日、八時頃何度電話しても、話し中で通じず、取り急ぎ乱筆ですが御報告とお礼を申し上げます。

梅原　和津子

◥「体験記」覚えのない恐喝を受け◣

前文お許し下さいませ。

十二月二十五日、午後八時十五分の電話を一生忘れることが出来ません。

先生のアドバイスの的確さに感謝致しております。

この日の夕方の電話では、考えられないようでしたと孫は言っておりました。

何とお礼を申し上げたら宜しいでしょうか。主人も安心して床に就きました。

本当に、本当に、有難うございました。

感謝　小沢　正枝

このお手紙を頂いて私もホッとすると同時に最初から何もなかったに違いないと思いました。

家族の中で、元気な発声の出来る男の人に「払うべきものでしたら払わせて頂きます。請求の明細をお届け下さい」と毅然と応対しながらも、相手を煽ることのないように落ち着いて話して下さいと進言致しました。

お昼に、まくし立てるように電話をして来た相手は、やはり取れるお金ならと思い、再度、夜にかけて来たのですが、今度の相手は落ち着いて堂々としていたものですから向こうから「なかった事にしてほしい」と電話を切ったと言うのです。

高齢者の車がバックした際、他車に当たったと、修理費を要求されましたが、ぶつかった記憶もなく、お金の所持も無く、電話番号だけ教えて帰宅された事件でした。

真理を学ぶと、このように直ぐに好転します。

特定の国、地域限定の宗教はどんなに組織が大きく有名でも、今、国際結婚を始め人々の広範囲移動の伴う社会にはそぐわないと思います。

同じ人類でありながら食べ物・着るもの・生活習慣の一つ一つの厳しい戒律は当事国では納得でも、受け入れ側の他国民は粗相のないようにと慌てふためきます。数々の宗教人は居ますが神ではありません。神は創造主・中心者であり全体浸透でもあり全ての全てです。姿は見えません。空気があるから生きていられるようにです。人々が希望する所にいろんな形で応じます。治癒力もその一つです。時として信者が日頃から神を想像している姿を、風で感じられたり蠟燭や雲に神仏の容姿で現れたり写真に光柱で見せて頂けたりします（いずれも自身体験あり）が、全部創造主の存在を示す証で仮の姿です。私たちは今の時代に誕生しこの地球という惑星を一時お借りしているのです。創造主（宇宙力・自然力）の庭として大切にしたいものです。聖地を決めたり奪い合ったり領土の拡張侵略などしてどうするのですか。この世の人体は永遠では有りません。

他の国に居て難事が生じた時、地域限定の神様は助けに来てくれますか。

何処に居ても真理を学んでいるとその時その場のベストな対処対応の導きがあるのです。

真理は宇宙全体、世界共通の真髄です。ひたすら世界平和を願います。

第九章　好転は継続

恥の文化

文化の日の前日、中日新聞の「中日春秋」欄に長く人々に身を律することを教え、外国に瞠目《どうもく》された恥の文化からも、もっと学び直してもいい、という次のコラムがありました。

在職二十二年のマレーシア首相マハティール氏が退任した。日本や韓国の発展に学ぶ「ルック・イースト（東方）政策」を打ち出してきた氏は、昨秋「日本を注視する。日本の失敗を繰り返さないために」と発言した。「成否を分けるのは人々の文化だ。日本は自分の文化を根本的に変え、西洋に同化しようとしている」と語り、「金髪日本人」にも触れている。日本が日本の文化を変えようとし、忘れ去ろうとしている面は多分にある。日本は世間の目を気にする「恥の文化」と言われてきた。

親日家の氏には、その文化への敬意や、忘れるなという思いがあったのかもしれない。中国・西安の学校で日本人の留学生達が猥雑《わいざつ》な寸劇を演じ、現地の学生が直ちに抗議デモである。留学生たちは退学となり、謝罪文も書き、騒ぎは終息の方向と伝えられる。けれど、よりによっての文化祭での寸劇だったというから情けない。中国では少し前、日本人団体客の集団買春も報じられた。

恥を置き忘れているのは彼らだけではあるまい。彼らほどでなくとも、慎みに欠けた振る舞いに出くわすことは日本で珍しくなくなった。上に立つ人からして責任回避などの、みっともない言動が目につく。

「恥の文化」が「恥知らずの文化」に取って代わられたような昨今である——と。

慎ましくて恥ずかしい事をしない模範として注視していたが、今はなってはいけない見本としての破廉恥日本国と化してしまったとは、あまりにも情けないことです。

地べた座り、電車内での化粧、乱暴な言葉遣いの会話、日本人客の降りた飛行機内、バス内のゴミの散乱、そこまでしても恥ずかしくないのかと思えるコメディアン等を外国人も見ているのです。

エドワード・モースが評価してくれた「美しい日本」、小泉八雲が今まで見た中で「一番美しい日本人の目」の賞賛の言葉。目は心の窓。皆でもう一度、彼らが認めてくれたよう元に戻すために、反省し行動を慎みましょう。先人の築いてくれた文化に恥をかかせては申し訳ありません。

五時だよ、全員集合

人は亡くなった時、その人がどんな生き方をして来たかを周囲の人々や弔問に訪れた方々によって知ることも出来ます。

平成十六年三月二十日、春分の日、ザ・ドリフターズのリーダーのいかりや長介さんが頚部リンパ節ガンの為七十二歳で死去されました。

『八時だヨ！　全員集合』は十六年続き、視聴率は常に三〇％を前後する「お化け番組」と呼ばれる一方で俗悪のレッテルを貼られていたのを覚えています。

その間、私は結婚、出産、育児、また途中から始めた日雇い労働者、書道教室の講師として多忙を極めていたので、話題になっていた『ドリフ大爆笑』とか、『八時だヨ！　全員集合』の番組名は、知ってはいましたが、その番組を待ち望んで観る等は出来ませんでした。

折角、我が家に縁の有った子供を、滅茶苦茶忙しい中で、ご近所や学校に出来るだけ迷惑をかけない子、やがては少しでも社会に役立つ子に、元気に育ってくれることに心を砕いていました。

夫は当時公務員で宿泊当直までありましたから、毎日のお弁当の他に、そんな日は二食作って用意しました。私を含めてお弁当の要る子供もあったり、保育園への送り迎えを欠かせない子もあり、私の起床は午前二時、遅くても三時でした。それから必死で家事をこなし、五時になると、全員集合です。

登校少し前まで、夜明けの早い季節には、家族で散歩に行ったり、読書をしたり、朝食後のデザートを一緒に食べて楽しんだりと、普通の家庭では夜に行う事を朝にしました。

それぞれが外での生活を終えて帰って来ると、小さな子は夕食とお風呂が精一杯で、いかに面白いテレビ番組やゲームがあろうが、寝る方が先という状態でした。しかし、ドリフの番組が俗悪との風評は確かにありましたが、すこぶる面白いことも聞いて知っていましたから、観たこともあります。

〝子供三人〟を連れて歩くと可愛いでしょうと言って下さる人もありました。ドリフの番組も生番組ですから、場内一杯の観客は、コントの面白さにそれこそ大爆笑するのです。皆があんなに笑っているコメディが心底笑えない自分がありました。

あらゆる方面から押し寄せて来る仕事の中で、子供達は人並みに成長出来ているだろうか、自分の都合で、勤務先の方に迷惑をかけたくない等、精一杯努力しながらも、続く責任の重さを感じ、心に余裕がありませんでした。

心に余裕がないと可愛い者も、面白い物も素直に、可愛く思い目を細めたり、面白くてお腹の底から声を出して笑うことが出来ない体験もしました。

世は進み、追悼で放映されるテレビ番組も昨日や今日の感覚で流れて来ます。

一番大切で大変な子育てから解放されたからでしょうか、以前と異なった感覚で観られるのですから不思議です。

手放しで子供を愛しく思えなかったのは、この子等を順調に発育成長させたいとの責任感に押し潰されていたからだと気付きました。

そしてその責任感と思っていたのは、実はとてつもなく可愛くて大切にしたいとの愛情だったのだと、三人の子供達がそれぞれに成人した今、はっきり判ったのです。

永い間、その人に接して来るとその人となりが判るものです。

俗悪番組のリーダーと一時は批判されたりもした、いかりや長介さんを葬儀の折、同じ仲間の方々や、それ以外にテレビドラマや映画で共演された人々は、素晴らしい方だったと、詳しく評価しています。

本の感想を述べる時も、その本をしっかり読まないと、理解出来ないので、上手に表現出来ません。

真理もそうです。真理を知らなかった二十歳の頃に書いた私の詩を次に載せてみます。

あなたは死者

河下柳子（旧姓）

あなたは死者
健康で魅力的な死者
殺害したのは私
現場はまっ暗な心の洞窟

あなたを殺さなかったら
私自身が滅びるでしょう
今でも信じていたいあなたのために

あなたを甦らせないように
私は強くなろう
思い出も一緒に
春の暖かい土の中に葬ろう

春風が優しい小川に逆らって
若魚の銀のうろこを残していった
手の土を洗い落して芝生に語れば
悪戯な蝶々が
まだ日焼けしていない素足の上を
かすかに触れて飛んでいった

それからしばらく
墓標の上に止っていた
あなたは死者

あなたは死者

大自然の偉大な力を知らないながらも、自分を精神的に向上させたい思いから、自分にとって良いにつけ悪いにつけ、前進する為に心を迷わす事物を、亡き物として必死で処理しようとしていた青春時代が偲ばれます。

一九九六年に雪華社から新川和江さんが現代女流詩人による詩集を出され、女性にしか書けない詩として、奇しくも選んで頂けたのです。

その中には、当時、皇太子妃美智子殿下のあの心安まる優しい、皆さんよくご存知の『ねむの木の子もり歌』もあります。岩谷時子さんの『ラストダンスは私に』も女性ならではの詩です。

また『放浪記』の著者、林芙美子さんの作品も載せられています。彼女の生き様が良く表現されています。若い時は、ほとんどががむしゃらに生きているのが窺えます。
この機会に、その詩も載せさせて頂きます。

苦しい唄　林芙美子

隣人とか
肉親とか
恋人とか
それが何であろう——

生活の中の食うと言う事が満足でなかったら
描いた愛らしい花はしぼんでしまう
快活に働きたいものだと思っても
悪口雑言の中に
私はいじらしい程小さくしゃがんでいる

両手を高くさし上げてもみるが
こんなに可愛い女を裏切って行く人間ばかりなのか！
いつまでも人形を抱いて沈黙っている私ではない
お腹がすいても
職がなくっても
ウオオ！　と叫んではならないんですよ
幸福な方が眉をおひそめになる

血をふいて悶死したって
ビクともする大地ではないんです
後から後から
彼等は健康な砲丸を用意している
陳列箱に
ふかしたてのパンがあるが
私の知らない世間は何とまあ

ピアノのように軽やかに美しいのでしょう

そこで始めて
神様コンチクショウと吸鳴りたくなります

二十歳そこそこの無鉄砲な生き方で感じた人生に比べ、人間として命を与えられた幸せ、眠っている間も、呼吸作用を行い体温を保持させ守ってくれている大自然の偉大な力を身を以て感じられるようになってからのそれとでは雲泥の差があります。『あなたは死者』から生きること四十余年にして人生の感想詩は『限りなき愛』へと変わりました。

限りなき愛

池田志柳

尊き命を宇宙に分けて
慈しみ守る天なる父は
なくてはならない全てのものを

祈りに先がけ満たし微笑む

思いやり深き天なる母は
寂しく虚しい無力な時も
素早く気づきていたわり包む
安らぎと力我に与えむ

世の中に認められた後にも、林芙美子さんの、不安は続いていたのでしょうか。

〝花の命は短くて、苦しき事のみ多かりき〟と述べています。

花として例えられる人間は、この世で人間国宝として認められないまでも、自分自身、スマップのヒット曲の題名のように、世界に一つだけの花としての誇りを持ち、どんな逆境にも倒れないように、枯れないようにの努力だけは出来るのです。

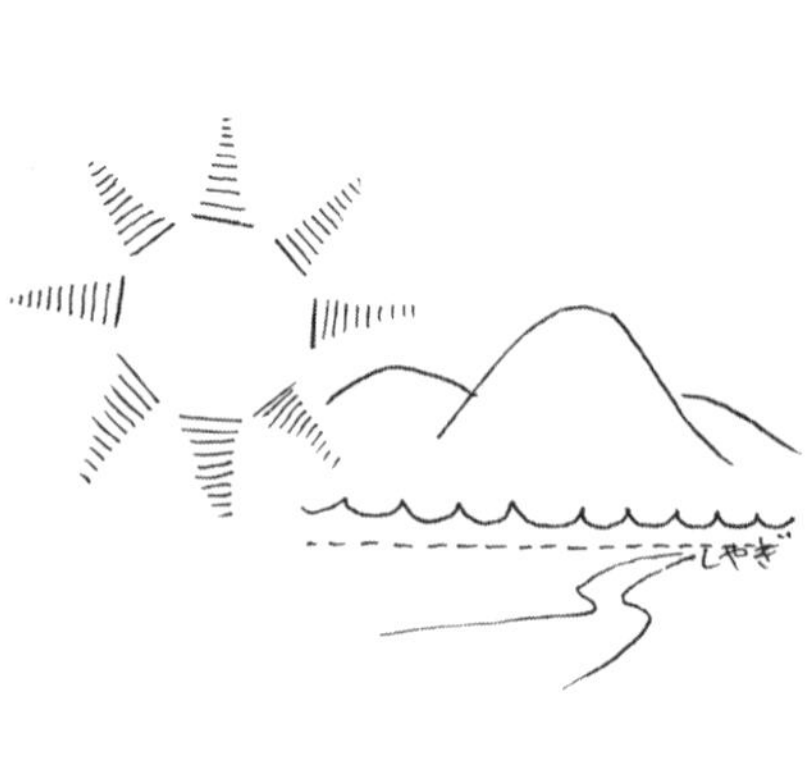

他世代を見届ける

元横綱が「わたしの幸福論」で「自分自身が最も誇れるのは、横綱になったことでも、三十一回の優勝でもなく、相撲という一つのことに完全燃焼したこと、決して自分に負けなかったということです」と述べられています。

自分が誇れるものをすぐに表示出来るものがある人は、きっと日々絶えずそれを信念にして貫き通して来ているのです。

果たして私自身の誇れるものはと、自問した時、とっさには出て来ません。

ならば誇りが無いのかというとそうでもないのです。ただいつも自分自身に言い聞かせ続けているのは「私よりもっと辛い思いをしている人がいる、私よりもっと努力している人がある、今の自分はそれで良いのか」ということです。

一つの事を成し遂げられた方には、その世界での結論は出せます。私の場合、第一の職業を主婦にしています。

夫や家族がある間、主婦は続きます。

夫や子供に私の評価を聞き、もしそれなりに頑張って来た事を認め、好感度で採点してくれていたとしたら、その認めてくれたものが私の誇りになるのかもしれません。が、その事を話して貰えるチャンスが、果たして、この生涯で訪れるものや否や判りません。

九重親方が、角界からの引退を決められる動機の一つに、次の角界を任せられる若くて良い力士が育って来てくれていたことを挙げています。それがとても幸福な引き際だったとも告げられています。

この世が続いている限り自分の世代だけが良ければそれで良いという幸せは決してないのです。親方のように「力士として幸せな人生だ」と、きっぱり告げられる方は、自分にも角界にも、どちらにも良い形で、次のステップに進まれたからです。横綱を卒業され親方に進学されたのです。

私達女性にも特にいろいろなものへの入学があり、学習し、卒業するという形を繰り返しています。学生、労働者、婚約者、妻（主婦）、嫁、母、姑等がそうですが、新しい環境に入りそれに慣れるまでの学習が、いつも待っています。

「今のところ、主婦として幸せな人生だ」と言い切れることがあります。

結婚して、夫の親も、私の親も、自分自身申し開きが出来る程度の世話が出来、他界を見送り、その後、折々の法要、毎年の墓参を務められている事、三人の子供達も元気、孫達も全員順調に発育中です。自分の所から親達を眺め子供達を見続け、孫達を見渡し、どの世代も皆、健やかに活動出来ている。これ以上の幸せはないと思います。安心して次の角界を任せられた親方の幸せに共感出来ます。

私から見て、親が不幸でも、子が不幸でも孫に何かあっても、生きている間は気がかりなものです。連綿と続いている先祖の思いや遺伝子が働くのでしょうか。

良いものに賭ける

苗木を見れば、将来良い果実を結ぶかが、目利きにはすぐに分かります。その国の若者を見れば、その国の将来は、目利きでなくとも想像できます。

昨今の成人式に出席出来た新成人の一部が暴徒化して警察官が出動したニュースを知ると胸が痛みます。

成人というのは、生まれ育て教えられて自ら物事を正しく判断出来るまでに成長したことの公表であり、それを土台に真の大人社会への出発でもあるからです。

と同時に今まで社会を作り守り続けてきている人達の輪に、今日から自分も仲間に入れて頂き、協力を惜しまない年齢になりましたという自覚をすることだと思います。

成人はお酒とタバコが解禁というイメージを強化してはいけないのです。


社会環境、家庭教育、学校教育が適切でなかったのではと思える、いろいろなアンケート結果を目にします。米・中・韓国等に比べ日本の学生は学校以外での勉強時間は特に短く、親・家族への思いやりはダントツで少なく、責任のあることは回避したいと望んでいます。

また、髪の毛を染めたことがある高校生、少しでも給料の高い仕事に就きたいが偉くなりたくない、携帯電話を所持する学生等はやはり日本がだんぜん他国を抜いています。

こんなデータを見ると彼らが良くないように思えますが、彼等に人間の良さと使命を教えて来なかったことが原因だと思います。

ゲームや賭け事には、的があります。

パチンコ、競輪、競艇という機械や、競馬という動物を操作したり、それを操作する他人に賭けてまで人は的があれば、その的を目がけて必死になります。進むべき道を知らない人や、道に迷っている人に、最善の的を教えてあげたら、その道へ行くと思うのです。的を外したい人などあり得ません。

真理というのは、人生のど真ん中の的です。しっかり見すえて、それに的中するように沿っていけば、不確かな賭け事のように損や無駄がありません。

人間の使命に合った努力の良い結果は一〇〇%あなたの収穫です。

第十章　好転は準備

我が家の好転

結婚して一年後、親の家を建てるために、ローンを組むという借金からの出発でした。真理では親に孝を尽くすこと、感謝する大切さを説いています。

その頃、田舎に住む親の家は老朽化していました。風雪や雨の後、遠く借家に住む私達に修繕を要求され、応じがたい時もあったりして、新築することを決断したのです。

どんな理由であれ、実践したことが真理に適えば必ず好転します。

新しくなった家で喜んで生活していた親が天に召され、空き家になったそこには、その家を建てた大工さんと血縁のある方が入居され、偶然の一言では片付けられない不思議さを覚えます。

一男二女に恵まれ、その子達も独立し、五十八歳で退職した夫は、体力のある間に楽しめる旅に出ました。二年間、いろいろな自由を満喫し、六十歳から再び自分の夢を叶えるため、また働き始めました。若い時に乗ってみたかったスポーツカーを購入したかったのです。

若い時の収入は、家族の生活を支えるのに必要です。自分の夢で家族に迷惑をかけない配慮から実現が遅くなったのです。

公休日、早朝より車に触れている夫を見ていると、まるで青年のようです。

家族の協力はもちろんありましたが、私も主婦としての節約にも努力しました。

近隣で事情があって家屋を手放さなければならない方から、「是非、お宅に買って頂きたい」とのお話しかけに、有難くもこちらの希望を呑んで頂き、譲り受けた物件もあります。

ＪＲ駅から十分以内の好条件のところに、自宅・事務所・来客用家屋・車庫などが順次与えられました。車庫は元町工場だったので、家族の車を入れてもなお残る広いスペースを有効活用しています。また、いみじくもこれには小畑と小川の附録があり、小公園が借景《しゃっけい》として隣接しています。

生後一年余りで父は病死し、当時食事事情も悪く、健康にも何にも自信が無かった私ですが、真理を探求して行く過程で好転が始まりました。

真理を知ったら真実なのか疑いながらも、直ぐに試動し、確認できれば続けて様子を見ていると結果が出ます。驚くような喜び、夢のようですが実体験です。

好転件は枚挙《まいきょ》にいとまがありません。

子供が幼い頃は、やはり家族への迷惑を憚《はばか》って、海外には出かけませんでした。長女が社会人になって「家のことは私がやるから行ってくれば」と背を押してくれたことで、仕事やリフレッシュを兼ねて海外にも出かける好機に恵まれています。

これから先も、きっと好転の機会が多々与えられると信じていますが、私達は物質的にはもうこれ以上の生活を望んではいません。今、身に余るほど幸せです。

むしろ、今後の活動で私達には不要となるもの、余剰となるものは、社会に還元していきます。

〝真理は汝を自由ならしめん〟の家庭版の証明が、まがりなりにもさせて頂けたことで充分です。

引き続き、社会全般が少しでも良くなるお手伝いをさせて頂くために『真理を知り、実践する』大切さをあらゆる方法でお伝えしなければと自覚しています。

気の抜けた平常心

友人と一緒にある寺の住職さんを訪ねることにしました。

その方は、霊峰といわれる山中を、夜半に歩く回峰行をされた方と知り、いろいろお教えを乞いたかったのです。

途中で助手席から友人は「平常心とは、どんな心？」と私に尋ねました。

「突然で、丁寧に答えられないから、今からお会いする住職さんにお聞きして」と答えながら、私なりにそのことを考えていました。

予約をさせて頂いてはおりましたが、気さくな方で、初めて会う私達に「時間制限はありません」と受け入れて下さいました。

お年は五十代で恰幅の良い初老の雰囲気でした。私達の質問に答えて次のようなお話をして下さいました。

「大学卒業後、間もなく結婚をして、コネがあってある共同組合に勤めました。ところが若い女性の運転する車が当たって来る事故に遭い、頸椎を損傷し、いろいろな病院を回って治療に専念したが快くなれません。

外見では判ってもらえない頭の中の不快感に悩み、一生こんな気持ちと身体で過ごすのはたまらないと思い就職でお世話になった人に義理立てして辛抱しようと思った職場を辞め、空寺《あきでら》になるこの寺に入り、○○山で僧侶になる為の修行をしたのです。

回峰行は、何か求めたいとかいうそんな深い気持ちではなく、宅配人やクリーニング屋さんがせかせかと働いても時給千円前後、そこへ行くと住職というのは、一般の人には理解して貰えないというか、想像がつかないくらい、他に言えない程の結構なお金を頂いているのです。だから、『こんなくらいのことはしないと申し訳ないなあ』という気持ちでやりました。

生きるとは、目の前の仕事を一生懸命やり続けていくことです。

平常心とは、緊張しないだらっとした心を言います」

僧侶のお話は概要以上でしたが、私は最後に、あと一つだけと質問を投げかけました。

「頸椎の怪我は治りましたか」

「二十年以上経ちますが、治りません。特に天候の良くない時は、辛いですわ」と答えられました。

宗教でも怪我の後遺症は治っていなかったのです。

一時間余りでおいとましましたが、車中友人と「真理はやはり最高……」と確認し合いました。

次の真話会では私なりの平常心を話しました。

まず初めに常に心の奥底に、自分の心臓、脳、体を動かしてくれている生命・創造主・神に守られていることを自覚し忘れないこと。

百点を採りたい、試合に勝ちたい、成功させたい、地震や災害から家族を守りたい等希望することとは異なるにせよ、どの分野においても、あらゆる場面を想定して、これ以上は出来ないと思えるまで、それに対しての準備万般、完了までを心がけておくこと。試合や大事な場面に及ぶと「平常心で臨め」とか言われ、緊張すると良い結果が出せないことが知られています。

目標に対して全く準備なく無防備だとしたら不安ばかりで平常心になどなれるはずがありません。精一杯やるだけの事は準備して来た。人事を尽くして天命を待つ、私のやってきた全てのことを、私の生命・神が見て下さっていた。そして正に今も、見守って下さっている。余計なことを考えず、全て天にお任せしてありのままの力を出して行こうという思いです。平静な真の心が平常心です。

タンポポ

いけだ　しやぎ

ふんわりと綿毛に包まれた
タンポポの生命は風まかせ

きのう北風
きょう嵐

着いたところが
自分の居場所
人里はなれた小川の渕に

空気の汚れた街路の割れ目
気づかれなくても
傷つけられても
会うもの皆に微笑んで

自分の綿帽子が編めるまで
しっかりふんばり生きています
使命を果たすその日まで
背筋を伸ばし
生きぬきます

調子良い時の横やり

スポーツの祭典などで選ばれる曲は皆が口ずさめるマーチ・サンバのように明るくリズミカルなものが多いです。二拍子・三拍子は調子が取り易いです。物事が順調に運ぶことをトントン拍子に進んだと表現をします。正しい努力あってのそれならば結構なことです。が好事魔多しの諺のように他から妬みによる邪魔・妨害があるかもしれません。完成間近かゴール寸前は特に気を付ける必要があると言われます。優位を保持できるような時とか「こうなりたい、あれが手に入ったら」のふとした心の隙に上手い美味しそうな誘い話を持ち掛けられ、乗ればとんでもない大きな落とし穴に引きずり込まれ生涯を台無しにします。「調子に乗るな」は横やりでなく「慎重に」とのアドバイスとして素直に受け止めましょう。目的に、出来るだけ無駄なく失敗なく楽しみながら確実に辿り着けるのが真理です。

オカガニは満月の力を利用して産卵するように、子孫を残すために好適な見えない力さえも察知し味方にしてしまうのです。生活に必要な対応力が身に付くと、良い方向に安心して進んで行けるのです。

とにかく生きてみる

どう考えてもこの先、良いことなどありっこないとこの世をむなしく思っている人に思い出してほしいものがあります。

一つは、二〇〇二年ソルトレークシティ冬期オリンピック・スケート部門で優勝したオーストラリアのブラッドバリー選手のことです。

準決勝の時四位で決勝進出ならずかと思われた時、前の三人が転倒し思いがけず決勝戦に出られました。実力というより運の良さでコマを進めたわけですから、そのレースでは途中までやはり最下位。ところがまた同じハプニングが起き、優勝の金メダルを獲得してしまったお話。

他の一つは、高知競馬場の競走馬のハルウララ。もうご存知ですよね。

連戦連敗、その数一〇五戦という次のレースに、武豊さんという競馬界きってのトップ・ジョッキーに騎乗してもらえることになりました。ファンは大興奮です。

「負け組の星」と呼ばれ〝当たらない〟ことから、その馬券は交通安全のお守りとまで言われたハルウララ。平成十六年三月二十二日、一〇六戦目の入場者数は全国から一万三千人が殺到。売り上げは、場外発売所の分まとめて、五億一千万円を記録しました。

いかに名騎手とは言え、馬の実力が問われるレースです。人気だけでは勝てず、成績は十一頭立ての十着でした。

持てる力を出しきってけなげに走り続ける姿に人々が感動し思いを寄せ、武豊さんに騎手になってもらえ、日本中に明るい話題を残せたのですから馬冥利につきます。

とにかく明るく元気に、社会に参戦していれば、知らずにいた先祖の余徳、いつか無意識に積んでいた自分の陰徳が、思いがけない時に、良い形になって現れるかもしれません。

とにかく天から、もういいよと言われるまで生き続けること、他人の生きる手助けをしても邪魔はしないことです。この少し先に、あなたへの人生の金メダルが用意されているかもしれません。
あなただけの金メダル！

おわりに

ケニア共和国のワンガリ・マータイさんが日本語の「もったいない」という言葉は、他の国にない素晴らしいものだと言って下さっています。

「勿体ない」は、本来の形を生かさず無駄にしているという意味の他に、地球資源に対して尊敬と感謝の二つの意味が込められているからです。

使って減らしたら、感謝して元に戻す行為が必要です。

マータイさんも一九七七年にグリーンベルト植樹活動として三〇〇〇万本の樹を植え、それらを認められ、二〇〇四年にはノーベル平和賞を授与されました。

資源には限りがあります。今の日本人は、物を大切にしません。雨の日の傘の忘れ物は昔の何十倍もあるのを知っても想像できます。食べ残しどころか、箸、手つかずの料理を多量なゴミにしてしまったり、形有る衣服のゴミも相当な分量と報道されています。

■資源は出来るだけ使わない
■使い回しをしたり、使い方を工夫して最後まで使い切る
■型を変えて使えるものは再利用する

一人ひとりが少し気をつければ出来ることばかりです。私達の生命は子孫を通し、次の世代に続いていくのです。豊かな美しさを残していけるように、皆で努力が必要です。

何をおいても、人生で一番もったいないのは、人間としての使命を知らず、自分の生命を生かし使いきれないことだと思います。

この国の自殺者が、八年連続で三万人を超え、昨年は三万二千五百五十二人を数え、一日に九十人は自ら大切な生命を絶っていると報道されています。

生命の本質と使命を知って、各自がこの世を幸せにしっかり生き抜きたいものです。

本書は、『好転の条件』として出版以来、重版も致しましたが出版社他の諸事情により今回は、愛猫チャトラがあの世から帰ってきた体験実話『おかえりチャトラ』出版で良いご縁をいただき『人と生まれて　人間の使命』更に今般、業界の方針に従い『大好転』初

版としての出版は引き続き東京図書出版からです。

社長始め関係者の皆様にたくさんのご指導とご支援をいただきました。心よりお礼を申し上げます。誠にありがとうございました。

私が今まで拝読した書物の中で、感銘を受けた文を引用させて頂き、お名前を拝借いたしました。また、貴重な体験をお寄せ下さった方々、有難うございました。図らずもご迷惑をおかけすることになりましたらお許し下さい。

最後まで本書をお読み頂き、有難うございました。

二〇二四年一月

池田志柳

引用させて頂いた文献

『苦しい唄』（林芙美子）
『み教えにいのち捧げて』（長村婦美子）
『ＰＨＰ６７０号』「わたしの幸福論」（九重部屋親方）
『水は答えを知っている』（江本勝）
ＮＨＫ全国作文コンクール入選文より、『心の中のふるさと――天草島』（荒木忠夫）

池田　志柳（いけだ　しやぎ）

1943年生まれ
滋賀県守山市在住
詩人・真理研究者

幼児から成人までのカルチャースクールを公民館や自宅で開き33歳から69歳まで講師・70歳からは自由学習（要予約）に自宅を開放

ユニセフ・日本赤十字他への活動支援は35年以上継続
紺綬褒章他多数受賞

【著書】
詩 の 部『白い詩』
真理の部『人生を変える「真理《まごころ》」の法則』
『人と生まれて　人間の使命』
『おかえりチャトラ』他

大好転

あなただけの金メダルを

2024年2月26日　初版第1刷発行

著　　者　池田志柳
発 行 者　中田典昭
発 行 所　東京図書出版
発行発売　株式会社 リフレ出版
〒112-0001　東京都文京区白山 5-4-1-2F
電話 (03)6772-7906　FAX 0120-41-8080
印　　刷　株式会社 ブレイン

ISBN978-4-86641-712-7 C0095
Printed in Japan 2024